竞技运动员选材

王 茹 余竹生 于新凯 主编

科学出版社
北京

内 容 简 介

本教材主要介绍了竞技运动员选材的科学原理，不同选材指标所应用的主要项目、测试仪器、测量方法、注意事项和评价参考方法，由“竞技运动员选材概论”“竞技运动员的运动能力”“运动能力与生长发育规律”“竞技运动员选材常用指标与评价方法”“皮纹观察测试方法与意义”“骨龄的测试与应用”等六章内容构成。

本教材适用于体育类院校、师范类院校体育专业的教学，也可作为从事运动训练的教练员、体育教师，以及各级体育科研机构的研究人员和竞技运动选材工作者的参考用书。

图书在版编目（CIP）数据

竞技运动员选材 / 王茹，余竹生，于新凯主编. — 北京：科学出版社，2019.11
ISBN 978-7-03-063026-1

Ⅰ. ①竞… Ⅱ. ①王… ②余… ③于… Ⅲ. ①竞技体育－选拔运动员－教材 Ⅳ. ①G808.18
中国版本图书馆 CIP 数据核字(2019)第 244554 号

责任编辑：闵　捷 / 责任校对：谭宏宇
责任印制：黄晓鸣 / 封面设计：殷　靓

科学出版社 出版
北京东黄城根北街 16 号
邮政编码：100717
http://www.sciencep.com
广东虎彩云印刷有限公司印刷
科学出版社发行　各地新华书店经销
*
2019 年 11 月第 一 版　开本：787 × 1092 1/16
2025 年 2 月第九次印刷　印张：7 1/2
字数：156 000

定价：50.00 元

（如有印装质量问题，我社负责调换）

《竞技运动员选材》

编委会

主　编

王　茹　上海体育学院
余竹生　上海体育学院
于新凯　上海体育学院

副主编

张海信　上海体育学院
郑鑫彦　上海体育学院

委　员
（按姓氏笔画排序）

吕娇娇　上海体育学院
李　雪　成都体育学院
李玉周　河南师范大学
李可峰　山东体育学院
罗贝贝　上海体育学院

前　言

竞技运动员选材学是20世纪末飞速发展起来的一门体育学科，广大体育工作者经过长期不懈的努力，把对能够培养成为世界冠军和创造世界优异成绩的运动苗子的研究，归纳到科学选拔、科学训练和科学管理的三大体系中来。竞技运动员选材不仅是这三大体系之一，而且首当其冲，从长期的经验选材逐步完善成有理论、有方法、有目标、有体系的研究。尽管在竞技运动员选材的研究领域和实际应用之间尚存在差距，但相信在广大教练员和研究人员的共同努力下，最终会发展成为与运动训练密不可分的、极具实践应用价值和发展前景的一门学科。

本教材适合于体育专业的教学，全书由“竞技运动员选材概论”“竞技运动员的天赋条件”“运动能力与生长发育规律”“竞技运动员选材常用指标与评价方法”“皮纹观察测试方法与意义”“骨龄的测试与应用”等六章内容构成，比较详细地介绍了竞技运动员选材的科学原理，不同选材指标所应用的主要项目、测试仪器、测量方法、注意事项和评价参考方法等，以及《中国青少年儿童手腕骨成熟度及评价方法（TY/T 3001—2006）》的得分表和得分评价图。对初步涉及竞技运动员选材理论的广大教练员具有实际的指导作用，同时为有意从事选材研究或专业选材工作者提供了可借鉴的内容。

本教材的读者对象主要是从事运动训练的教练员、体育教师和体育院校、师范类院校体育专业的学生，以及各级体育科研机构的研究人员和其他有志于研究运动训练和运动选材相关内容的学者。

在本教材编写过程中，上海体育学院图书馆提供了大量选材研究的成果和资料，在此致以深切的谢意！

主编

2019年9月30日

目　录

第三章 运动能力与生长发育规律

第四章 竞技运动员选材常用指标与评价方法

第五章 皮纹观察测试方法与意义

第六章 骨龄的测试与应用

第一章

竞技运动员选材概论

第一节　竞技运动员选材的概念和基本范畴

一、竞技运动员选材的概念和内涵

竞技运动员选材简称“选材”，是一门知识性、综合性很强的科学，很多有经验的教练员都十分重视经验选材，科学选材与经验选材之间有时只是一纸之隔，一捅就破，经验选材若能采用科学的方法加以论证，上升为理论推广并重复操作，就可以称为科学选材。对于从事运动训练的教练员来说训练不是前提，选人才是基础，选对了人再进行训练，就等于在培养人才的道路上成功了一半。本教材特别强调通过常见的手段和方法，来挑选未来能胜任竞技运动的后备人才，也是广大教练员教学工作的必经之路。

根据国内外对竞技运动选材概念的描述可概括为：依据科学的原理与方法，要把先天条件优越、适合从事于某项运动的人才从小选拔出来，进行系统的、有目的训练培养，以便达到参与世界顶级水准的竞技较量和运动水平，在世界性的竞技大舞台上与顶级选手一争高低，推动竞技运动的发展，挑战人类的极限并为国争光。

全面的选材概念应该包括了选人和育人的完整过程，并且不是通过一次性的选人过程就可以完成选材这个艰巨任务的。选材历来与运动训练不可分割，选材为训练提供了所看中的对象，通过一段时间运动训练培养后才能反馈给选材的对象其是否具有巨大潜力，是否可以被造就成世界舞台上的优秀选手。

竞技运动员选材是一项长期的工作，初期的选材就是为了适应更高层次的选材或选拔，只有不断地进行测评、预测、选拔、训练、淘汰，才能将一个运动“天才”培养为竞技人才。

二、竞技运动员选材的基本范畴

竞技运动员选材是把先天条件优越、适合从事某项运动的人才从小选拔出来，进行系统的、有目的地培养，以便取得优异的运动成绩。

德国乌尔默教授认为，选材是指：直接或间接地将一些天才因素测定出来，根据现有的测定来预测未来的竞技能力。苏联功勋教练阿拉宾指出：不经常注意选材问题，训练工作将是徒劳无益的。

挑选世界级优秀运动员是一个发掘遗传基因、身体形态、生理功能、运动素质、心理素质、运动智能、运动技术等各方面潜能的工作。

现代竞技运动员选材的一个突出特点就是综合运用现代自然科学的成果，特别是应用近代人类遗传学、分子生物学、（运动）人体解剖学、（运动）生理学，（运动）心理学、（运动）生物化学、运动生物力学、体育专业理论、体育教育学和人文环境等新知识、新成就、新技术，使运动员选材从碰运气地选材或经验选材，上升到理智、科学地选材。当然运动员选材在理论、技术和体系上尚不成熟，理论与实际尚存脱节现象，需要体育教育工作者不懈努力，为我国体育事业发展做出贡献。

在竞技运动员选材中，运动能力是最为关键的。运动能力体现了该运动员能有效地参加训练和比赛所具有的本领，是运动员的体能、技能、智能和心理能力的综合体现，按获得途径的不同，可把运动能力分为先天性和后天性两部分。先天性部分是指运动员与生俱来的一些特性，也就是运动员的遗传特性，先天性运动能力在训练过程中基本不发生改变或变化很小，在某种程度上对运动能力起着主要影响，甚至在一些项目中起到关键性作用。后天性部分是指运动员在后天训练中获得的一些特性的改变，它的改变主要取决于训练水平的高低。

第二节　竞技运动员选材的概况和意义

一、竞技运动员选材的概况

当今世界竞技运动水平发展之快、世界纪录或项目发展的水平之高既令人振奋、惊叹，又令人有遥不可及之感。日趋紧张、激烈的竞技运动，要求运动员具备极高的运动素质与运动天赋，在此基础上经过科学合理、坚韧不拔的刻苦训练，才有可能与世界强手一争高低，称雄于世界体坛，为国争光。因此，当今世界运动竞技水平的竞争，已发展到发现最优秀的天才运动员的过程。

世界各国已经充分认识到竞技运动员选材工作的重要性，要赶超世界体育先进水平，选好运动员，就等于成功了一半。纵观世界体坛，我们可以看到，凡是在奥运会上取得优异成绩的国家，都紧紧围绕和抓住竞技运动员的选材、科学训练和体能恢复三大环节展开，其中首当其冲的都有一个完整的选材体系。这就是现代竞技体育所赋予的历史使命。

例如，民主德国，由于多年来进行系统的、有科学基础的选材工作，后来居上，一跃成为世界体育强国，早在第 21 届奥运会上总分和金牌总数就超过美国，名列世界第二。联邦德国、罗马尼亚都把竞技运动员选材列为重点研究课题。罗马尼亚每年一、二、三线教练员与科研人员一同对 12 岁以下的少儿进行选材，并配有一系列相关的科学选材制度，苏联关于仅体操一项选材的论文就有 100 多篇，并建立了科学的选材体系。苏联、民主德国、罗马尼亚等许多国家还派遣了遗传学、生理学、生化学、生物力学、心理学等学科的专家进驻运动队，与教练员长期协同作战，进行科学选材和训练，选材工作由过去的经验选材进入了科学选材阶段。

1974 年，上海成为我国最早进行竞技运动员选材的基地，并迅速辐射全国，为我国的竞技运动员选材起了开拓作用。如今，竞技运动员选材已经成为体育科技工作的重点研究主题之一，我国多次组织全国选材协作组，举办全国竞技运动员科学选材训练班，推广研究成果，推动选材工作。

由此可见，要想成为一个真正的世界体育强国，首要问题是要提高成材率，降低淘汰率，竞技运动员科学选材能最大限度地减少人力、物力和时间的浪费。要选拔出大批优秀运动员，首先必须培养出具有强烈的选材意识、用选材知识武装起来的教练员和教师，只有推广、传播竞技运动员选材知识，才能使我国早日进入世界体育强国的行列。

二、竞技运动员选材的意义

（一）竞技运动员选材是当前竞技运动的迫切需要

1. 运动员出成绩年龄段提前

不少运动项目在运动员 18 ～ 20 岁时就能达到最好成绩，在女子体操、乒乓球、游泳等项目中，运动员 14 ～ 15 岁就能获得世界冠军或打破世界纪录。而要培养出一个优秀运动员，须经过 8 ～ 10 年的系统训练，这就要求必须在儿童期就选好材，从小进行系统的科学训练。例如，罗马尼亚体操学校吸收 5 岁儿童进行训练，英国对 10 ～ 12 岁的少年儿童进行系统的垒球训练，保加利亚从 11 岁开始训练举重运动员，许多国家对 6 岁儿童进行游泳训练。选拔少年儿童最佳年龄段的原则是：获得世界大赛冠军的年龄减去各阶段运动训练累积的年龄等于这个竞技项目原始起步选材和育才的最佳年龄。

2. 科学选材和科学训练相互作用

各国间采用的训练手段、方法的差异日趋缩小，训练条件的差距也越来越小，这也就越发突出运动员先天条件的重要性，如何选拔具有先天优势、运动能力极强和潜力巨大的儿童少年成为迫切需要解决的问题。科学选材和科学训练本身就是关系极为密切的统一体，选材的目的就是为了进一步实施科学训练方案，预测和挖掘人的潜能，提高竞技训练效果；科学训练的成效则反过来不断检验和反馈给选材，确认选材是否成功。传统的、自然淘汰的经验选材方法，已不适应当前竞技体育发展的需要，人们必须努力探索如何准确地预测少年儿童运动能力的发展，以期选出天才型运动员，并从幼年起就予以培养，确保其将来在竞技体育中能出好成绩。展望未来，广大教练员已经充分认识到科学选材的目标是瞄准世界最优异的运动成绩去发现人、挖掘人，当好“伯乐”，用选材意识和知识武装自己，提高选材的思想境界，认真学习必要的、系统的选材理论，在实践中探索出自己成功的选材模式。

3. 国际比赛交流增多，体育信息采集加强

体育信息的迅速采集，是掌握体育发展动态的必要手段。因此，要想对竞赛技术和训练方法保密，保持长久领先，已很难做到，这更加迫使教练员们注意运动员的先天素质。20世纪90年代初，我国著名教练马俊仁率领的“马家军”，就包揽从3000米至10000米跑的所有比赛奖牌，风靡一时。其训练手段之一就是牵引跑，定时、定距离地给予运动员以大脑皮层强有力的刺激，兴奋抑制交替迅速，神经系统较为固定地发放冲动，长期训练可形成用调节的速度频率来控制运动员全身骨骼肌和内脏器官的协调运动。这种长跑训练手段，很快被许多国家所了解。

（二）竞技运动员选材能产生巨大的经济效益

竞技运动员选材就是根据运动项目的特点与要求，用科学的方法把那些适合于某个运动项目，并具有发展前途的少年儿童挑选出来，加以科学系统的训练，以创造优异成绩。事实证明，单纯依靠教练员经验选材的办法，而没有运用科学方法进行测试和预测，容易造成主观片面性，并带有一定的盲目性和偶然性，可信度低，定向培养的目标不准，误选和漏选相当多，成材率低，淘汰率高，浪费了大量的人力、物力和时间，给我国体育事业带来了损失。现在，我国各地纷纷重视和开展竞技运动员科学选材工作，建立各级选材中心和选材机构，使我国竞技运动员的选材工作进入了一个新的阶段。

（三）竞技运动员选材能产生良好的社会效应

在当代竞技体育体制下，青少年运动员由于将较多时间用于训练和比赛，在文化学习、社会活动、升学就业等方面受到一定的影响。搞好竞技运动员选材工作，通过严格筛选、重点培养、层层衔接来降低淘汰率，提高成才率，可减少上述影响并产生良好的社会效应。

【思考题】

1. 何为“竞技运动员选材”？
2. 挑选世界级优秀运动员需要发掘哪些特质？
3. 竞技运动员选材有哪些意义？

第二章

竞技运动员的运动能力

第一节　运动能力与遗传规律

在选材中，运动能力是最为关键的。运动能力体现了该运动员能有效地参加训练和比赛所具有的本领，是运动员的体能、技能、智能和心理能力的综合体现。按获得途径不同，可把运动能力分为先天性和后天性两大部分。

先天性部分是指运动员与生俱来的一些特性，也就是运动员的遗传特性。先天的运动能力是通过运动训练基本保持不变或变化很小，但在某种程度上对运动能力起着最为重要的影响，甚至是关键性的作用，例如，发展空中优势的篮球、排球运动员的身高可以直接决定这个项目的优势，而体操、武术运动员的身高只能是中等偏下，以适合于各种姿势空翻的灵活性需要；后天的运动能力是指运动员在后天训练中能够获得的一些特征性的改变，它的改变主要取决于训练水平的高低。

当今世界认为适合从事竞技运动的一整套才能一定是有遗传因素的，没有运动天赋，就不可能出现优异成绩。要了解运动能力的遗传因素，人类遗传学是基础。人类遗传学是研究遗传与变异，既研究父母与子女间在遗传性状上相似现象，又研究父母与子女间遗传性状上非相似现象和规律的科学，是 20 世纪 70 年代后飞速发展起来的一门学科。目前，遗传与变异的观点，已渗透到选材与训练中来，逐步形成运动才能遗传学。

一、运动能力遗传的物质基础

人体细胞核中遗传载体储存了大量的遗传信息——染色体。染色体主要由脱氧核糖核酸（DNA）、组蛋白、非组蛋白、少量的核糖核酸（RNA）等构成。DNA 是一个大分子双螺旋长链结构，在链上有遗传的基本物质——基因。这个模型的要点是：两条 DNA 链绕着同一个轴形成螺旋状长链。链中主要成分是脱氧核苷酸，它由一个磷酸，一个脱氧核糖和一个碱基构成（图 2-1）。

构成 DNA 上的碱基有四种：腺嘌呤（A）、鸟嘌呤（G）、胞嘧啶（C）和胸腺嘧啶（T）。嘌呤和嘧啶碱基位于螺旋内侧，磷酸与脱氧核糖形成骨架位于外侧，碱基的平

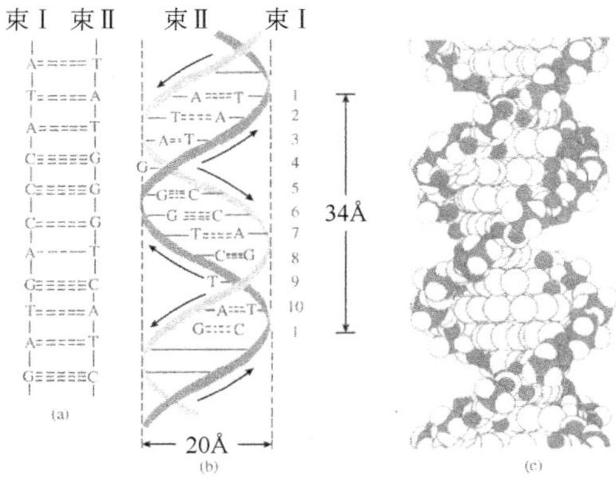

图 2-1 三种 DNA 分子双螺旋结构模式图

（a）两条被解开的 DNA 分子链通过氢键与一对碱基相连（没有显示糖原和磷酸盐）；（b）这对 DNA 分子在双螺旋线中与 10 个碱基对形成完整的盘绕；（c）DNA 立体模型

资料来源：Ralph J. Fessenden, Joan S. Fessenden. Organic Chemistry[M]. Pacific Grove, CA: Brooks Cole Publishing Company, 1998.

面与双螺旋的轴平行，糖基的平面与碱基之间接近直角：螺旋的直径是 20 埃（$1Å=10^{-10}m$）。相邻的碱基之间间隔 3.6 埃，错开 36°，每 10 个碱基均向右盘旋旋转一圈，螺距为 34 埃，两条链通过碱基之间的氢键结合在一起，腺嘌呤（A）总是与另一条链的胸腺嘧啶（T）配对，鸟嘌呤（G）总是与胞嘧啶（C）配对，组成与排列按照 A—T，G—C 的原则呈互补关系。只要知道了一条链的碱基序列，就可以读出另一条单链的碱基序列。例如，如果一条链是 AGTGCCAT，其互补的另一条链的序列一定是 TCACGGTA。遗传信息就存储在碱基排列顺序中。书写 DNA 分子就是用碱基来表达 DNA 的。

在细胞有丝分裂的过程中，DNA 在解旋酶（拓扑异构酶）的作用下，长链分开以自身分子为模板进行复制，形成两条新的 DNA 分子，分配到两个子细胞中去（图 2-2）。

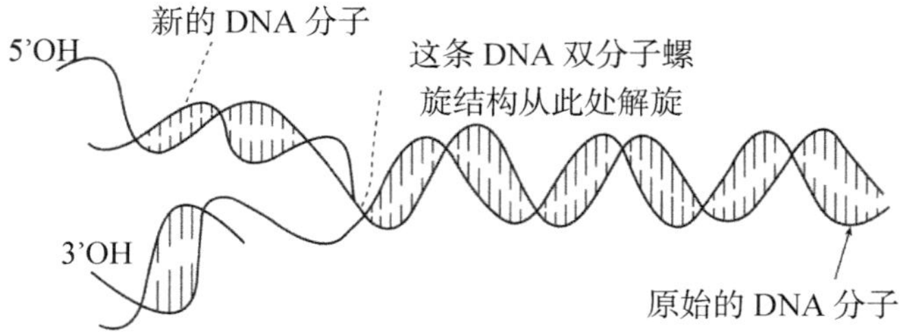

图 2-2 DNA 双螺旋分子解旋与子链的复制

资料来源：Ralph J. Fessenden, Joan S. Fessenden. Organic Chemistry[M]. Pacific Grove, CA: Brooks Cole Publishing Company, 1998.

DNA 是主要的遗传物质，基因在 DNA 分子上，一个基因相当于 DNA 分子的一定区域，即有遗传效应的 DNA 片段。基因对性状的控制是通过 DNA 转录、转译成蛋白质来实现的。

转录、转译的蛋白质合成是在细胞质里进行的。DNA 主要在细胞核内，遗传信息首先要转变成相应的氨基酸序列，需要核糖核酸（RNA）来实现。RNA 主要存在于细胞质中，分为三种，信使核糖核酸（mRNA）、转移核糖核酸（tRNA）和核糖体核糖核酸（rRNA）。RNA 分子是由磷酸、核糖和四种碱基 A（腺嘌呤）、U（尿嘧啶）、C（胞嘧啶）、G（鸟嘌呤）构成。

转录时，RNA 以 DNA 分子的两条核苷酸链中的一条作为模板，按照碱基配对的原则 [其中 RNA 中尿嘧啶（u）与 DNA 的腺嘌呤（A）呈现互补关系]，把 DNA 上的遗传信息转录到自己身上，完成转录过程。蛋白质和酶控制了子代的代谢作用，然后再进一步控制着生物体的形态结构和生理机能，最后才使得子代能够表现出各种相应的性状特征。

转译是指以 mRNA 为模板合成蛋白质的过程，mRNA 形成后，就从细胞核中出来，进入细胞质中与核糖体结合起来。核糖体是细胞内将氨基酸合成蛋白质的场所，由 tRNA 将各种氨基酸带至核糖体。一种 tRNA 只能运一种特定的氨基酸，每种 tRNA 的一端有三个碱基，能与 mRNA 的碱基相配对；另一端是携带氨基酸的部位，这样便把携带的氨基酸放到了相应的位置上，而自己则离开核糖体，再去转运相应的氨基酸来完成转译过程。这些氨基酸经过综合作用形成多肽，再由多肽构成蛋白质或酶。蛋白质决定了身体的性状，酶决定了新陈代谢类型，就这样在亲代遗传信息的控制下决定了子代与亲代的相似。

因此，基因对性状的控制作用和遗传信息的转移过程就是在 DNA 基因控制下通过 mRNA 转录为蛋白质的过程。近年来的研究还发现，在蛋白质的合成过程中，不单由 DNA 决定 RNA，RNA 同样可反过来决定 DNA（如肿瘤病毒）。这种遗传信息，从 RNA 到 DNA 的传递过程就称为反转录。

了解 DNA 的化学结构特征，特别是双螺旋结构模型的要点，是理解生物遗传分子机制的关键。DNA 双螺旋结构模型的提出也意味着分子生物学学科的诞生。摆在遗传学家们面前的一项艰巨任务，是确定上百万计基因所在的位置。携带着遗传信息的基因，均以单基因遗传和多基因遗传方式留给后代。

（一）单基因遗传

单基因遗传是指遗传性状受一对基因控制。遗传性状是不连续的质量性状，一般是不受环境影响的，如人类中的血型、色盲、血友病、血红蛋白等都属于质量性状。

（二）多基因遗传

多基因遗传是指遗传性状受一对以上基因控制。其遗传性状的变异是连续的，又称为数量性状。如人类许多的形态、功能等。与人类运动能力有关的性状，绝大部分是通过多基因遗传（数量性状）的。

（三）与运动有关的基因

2007 年 11 月 9 日《自然》科学杂志报道，日本科学家将本来害怕猫的老鼠利用基因工程造出了不怕猫的老鼠，会依偎在猫身上跟它们玩。这表明老鼠怕猫是由基因决定的。

同样，英国剑桥大学普罗明教授在《科学》上发表了一项科研成果：他从大量同卵双胞胎的遗传基因研究中发现，他们的成功 32% ～ 62% 是由基因决定的，其他才是由环境和后天因素决定的。

那么人体中有没有运动基因呢？回答是肯定的，运动基因就是能决定人类运动能力的基因。现阶段运动基因与竞技能力有关的报道不是很多，用于选材研究多处于人类基因的标记定位阶段，与形态学、心理学占有同样重要的位置。研究发现了 200 多种与运动能力有关的基因，如与骨密度和握力相关的基因、与肌肉供氧能力相关的基因、与下肢垂直起跳能力有关的基因，还有与大腿肌力产生联系的基因等。但总体上被认为：“人类运动基因 99% 是相同的，只有 1% 是不同的。正是这 1% 造成了不同种族在运动能力方面的差异”。

1. 爆发力基因——ACTN3 基因

最新研究显示，牙买加运动员在田径赛场上给人印象深刻的原因是屡屡打破百米跑世界纪录，如天才名将博尔特。牙买加理工大学教授莫里森特别组织了科研团队，对超过 200 名牙买加运动员进行了研究，发现其中有 70% 的人体内拥有一种名为 Actin A 的物质，此物质可以改进快肌纤维特性，让快肌纤维收缩更快，也就是让运动员跑得更快。澳大利亚科学家首次发现在短跑、举重这些需要爆发力的项目中的世界优秀选手中，ACTN3（辅肌动蛋白 3，并被誉为“金牌基因”）的携带比例高达 92%。Actin A 是速度助推剂——ACTN3 的基因。在中长跑等耐力项目中，这个基因出现率只有 20% ～ 30%。研究结果显示，牙买加短跑运动员普遍存在特别杰出的爆发力，这个基因让牙买加人拥有了得天独厚的优势，为创造世界纪录、突破人类极限做出了贡献，同时又让人们不禁感叹这就是决定了种族差异和优越天赋的存在。近年来，澳大利亚体育研究院的研究者调查了 737 名运动员，普通运动员拥有 ACTN3 基因的比例为 30% 左右；高水平的耐力项目运动员如长跑运动员，拥有 ACTN3 基因的比例为 50% 左右；而参加奥运会并取得顶级运动成绩的爆发力项目如短跑、举重项目的运动员，ACTN3 基因的携带者比例高达 95%，其中女运动员的比例高达 100%。这些充分说明了此基因对爆发力项目的重要意义。

即使一个人运动方面的基因很好，具有运动天赋，那也离不开后天的培养和刻苦的锻炼。因此，人类还在探索更多更新的基因与运动的关系，如 ACE 基因、CKMM 基因、ADRB2 基因、CRP 基因、GSTPl 基因等，以进一步揭示天赋的存在。

2. 耐力基因——ACE 基因

《自然》杂志在 1998 年刊登的一篇研究文章指出：ACE（血管紧张素转换酶）基因与杰出的耐力有关。ACE 的主要功能是降解血管舒张剂缓激肽，促进血管紧张素 Ⅰ 转化为血管紧张素 Ⅱ。人的 ACE 基因属于单基因，也有研究者发现，ACE 基因 Ⅰ / D 多态性与优秀运动员心血管功能有很大关系。例如，澳大利亚的乔治等对 64 名澳大利亚优秀划船运动员和普通人 400 名进行比较研究后提出，ACE Ⅰ 型等位基因在优秀划船运动员中出现的频率明显高于对照组。日本的押田教授组织研究团队，提取了 182 名运动员血液和唾液细胞，研究了在人体内控制合成肌肉运动能量物质的ACE基因。结果显示，在日本各种田径大赛中名列前茅的31名长跑选手中，约20人有这种耐力基因，女子长跑一流选手中约半数拥有耐力基因；而108名一般选手中有耐力基因者只占9%，12名优秀短跑选手均没有持久型基因。说明正是由于这种基因使运动员的耐力素质存在差异，从而决定了耐力项目的竞赛成绩。为此，押田芳治教授得出结论，可以根据上述基因特性发掘运动员苗子，选择适合运动员的竞技项目进行有效训练。

3. 有氧耐力基因——CKMM基因

CKMM基因能够维持能量代谢过程中的ATP/ADP的动态平衡。由于CKMM基因型与耐力水平有一定的关联，被认为是具有先天耐力训练遗传优势的基因，是耐力项目选材的重要指标。所有运动基因研究尚处在起始阶段，目前国内的研究还刚刚起步，离实际应用还有很长的路要走。

二、运动能力的遗传与变异

人类遗传学是研究遗传与变异的学科。它是20世纪70年代后飞速发展起来的尖端学科。随着基因技术的发展，人类遗传的奥秘正在不断被揭开与再认识。

德国科学家格拉姆在研究运动能力遗传问题时，概括指出：在运动能力的遗传中，具有卓越运动才能的亲代，只要不是极端个体，其子代有50%的人会有优秀的运动才能，而且还有可能超越亲代个体，亲缘越远，这种可能性越大。

运动能力遗传，已在运动实践中大量表现。优秀运动员后代中涌现出运动天才。中国“篮坛巨子”姚明，其父亲曾是上海男篮的主力中锋，母亲曾是前中国女篮队长兼主力中锋；中国足球名将谢晖，其父母曾是中国田径优秀运动员；前世界拳王穆罕默德·阿里，其女儿莱拉·阿里目前也是世界级女子拳王。

然而在运动实践中，大部分优秀运动员其亲代并不是优秀运动员，如刘翔、庄泳、杨文意、乐靖宜、陶璐娜、吴敏霞、王励勤等奥运冠军；反之，父母是优秀运动员，却也会有不具备运动天赋的子代。这些现象可能与变异有关，但也不排除隐性遗传的可能性。

三、运动能力的遗传规律

运动能力的遗传，不仅遵循人类遗传的基本规律，也遵循单基因与多基因的遗传方式。但运动能力的遗传又有自身特有的规律与特征，即运动能力遗传以多基因遗传为主，其性状遗传具有三大特征，即连续性、相关性和阶段性。

（一）连续性特征

运动能力的遗传是多基因（数量性状）连续作用的结果。人体运动能力中的绝大多数性状是用量来表示其长短、大小和强弱的区别，它们一般隶属多基因遗传。同一性状在子代的不同个体，表现出一定数量上的差别，在群体则呈现单峰的“常态分析曲线”。

研究证明，在运动能力的遗传中，只要有卓越运动才能的亲代不是极端的个体，其子代中不但有 50% 以上的人具有优越的运动才能，而且有可能出现超越亲代的个体，亲缘关系越近，这种可能性越大。苏联丘尼克教授对冠军家族的研究结果证实，运动能力的遗传在亲代之间是连续的。

（二）相关性特征

运动能力的遗传是基因的多效性相关联的结果。在实验研究中，人们发现控制体型、体态、心肺功能各因素、内部器官各因素和神经肌肉各因素等基因和性状是纵横相关的。所以，在研究运动才能遗传时必须全面观测分析，不可以一个现象掩盖另一个现象或断然从一个选材指标否定所有选材指标，这些相关性在某种程度上可以相互弥补。例如，需要发展空中优势项目的篮球队员，身高需求很高，但在美国职业篮球明星中仍不乏 1.75 米左右的队员存在，这就是运动能力遗传的相关性质所决定的。

（三）阶段性特征

运动能力的遗传具有发展变化的时间规律和阶段特征。运动能力的研究发现，人体生长发育的过程并非是一条直线，而是一个曲线的过程，遗传因素与环境因素所起到的作用大小也是随着年龄的增长而发生变化，一个刚出生的孩子是无法预测他未来就是世界冠军的，必须根据生长发育规律有目的地进行发掘和培养。

运动训练可以发挥少年儿童的先天潜在的遗传优势，抓住各年龄段最为容易接受后天训练改变的特性，行业内称为敏感期或最佳发展期，即指在生长发育每个阶段机体对外环境刺激特别敏感的阶段。在这个阶段中万不可忽视对构成运动能力各因素进行良性刺激的诱导作用，将先天具有运动能力的遗传优势发挥出来。因为在敏感期，遗传作用最明显。这个时期通过环境与训练的作用，让其充分表现出来，这对选材成功起着事半功倍的作用同时，越是遗传度低的性状，越能通过后天的环境与训练进行改造，但由于遗传具有相关性作用，常常会因某一功能偏低，而影响整体能力的表现。因此，在选材时必须有一定的要求标准。在训练中，对遗传度低的性状，应抓紧时机，按照生长发育规律，利用敏感期有计划地给予充分的发展，以免误了最好的发展时机而失去优势。研究证明，在敏感期发展运动能力是运动员和教练员最为轻松的，发展锻炼效果也是最佳的。在相对缓慢期，遗传因素作用不明显（表 2-1）。

表 2-1 运动能力发展敏感期

身体素质	敏感期（岁）	身体素质	敏感期（岁）	身体素质	敏感期（岁）
平衡能力	6 ～ 8	灵敏性	10 ～ 12	速度	7 ～ 14
柔韧性	6 ～ 12	节奏性	10 ～ 12	力量	13 ～ 17
反应速度	7 ～ 12	协调性	10 ～ 12	耐力	16 ～ 18
模仿能力	7 ～ 12	—	—	—	—

资料来源：王金灿．运动选材原理与方法 [M]. 北京：人民体育出版社，2005.

第二节　运动能力的遗传度

遗传学的观点认为，一切人体的外在表现，都是遗传基因和环境因素相互作用的结果。人类只有少数性状一经形成，就不再受环境的影响，但大多数性状均在不同程度上都受环境的影响而产生变异。有的性状以遗传因素为主，有的性状受环境因素的干扰占主要作用，有的性状在遗传和环境两个因素中作用几乎相等。为估计遗传和环境对性状表现所起到的作用，就要计算性状的遗传度。

所谓遗传度，是指某一特定性状在遗传和环境两个因素变异中所占的百分比。遗传因素和环境因素都十分重要，以遗传因素为主遗传度就高，以环境因素为主遗传度就低。例如，女子身高遗传度为92%，说明环境因素仅为8%，是一个即使通过后天训练也很难改变的一个遗传指标。

对遗传度高的性状因素，又是此运动项目为主的因素时，选材时必须从严挑选。在训练中应按照生长发育规律，对遗传度高的指标后天环境的可塑性较小，遗传度低的指标后天可塑性就大，后天可塑性大说明少年儿童训练与培养的潜力就大。

了解与认识不同性状的遗传度，将有利于科学选材与育才。下面介绍一些曾经研究过的一些遗传度指标以供参考。

一、主要形态指标特征的遗传度

人体形态在遗传上称体表性状，受多基因遗传控制。它的形成同样受多种因素影响，其中遗传因素仍然是最主要的。表2-2显示了各形态指标的遗传度，男女之间有一定的差别。

表2-2　形态特征的遗传度（%）

指标	男	女	指标	男	女
身高	75	92	胸围	54	55
坐高	85	85	臀围	65	60
臂长	80	87	腿围	60	65
腿长	77	92	体重	68	42
足长	82	82	去脂体重	87	78
头宽	95	76	心脏形态	82	82
肩宽	77	70	肺面积	52	52
腰宽	79	63	胸廓形态	90	90
骨盆宽	75	85	膈肌形态	83	83
头围	90	72	—	—	—

资料来源：曾凡辉，王路德，邢文华．运动员科学选材[M].北京：人民体育出版社，1992.

二、生理、生化指标的遗传度

运动能力水平的高低，常常受生理生化机能水平的直接影响。而生理生化机能水平的高低，不仅要受生长发育过程环境与训练等多因素的影响，更要受遗传因素的制约。德国运动医学专家霍尔曼教授曾指出：人体机能至少有 60% 取决于遗传，只有 40% 受训练等外界影响的制约。因此，在选材时，对运动项目主要生理生化指标遗传度的高低应充分注意。表 2-3 显示的是主要生理、生化指标的遗传度。

表 2-3 主要生理、生化指标遗传度（%）

指标	遗传度
安静心率	33
最大心率	85.9
肺通气量	73
最大摄氧量	69 ～ 93.6
神经系统功能（强度、灵活性、均衡性）	90
月经初潮时间	90
血型	100
血压	42
ATP、CP 含量	67 ～ 89
线粒体数量	70 ～ 92
肌红蛋白含量	60 ～ 85
血红蛋白含量	81 ～ 99
血乳酸最高浓度	60 ～ 81
乳酸脱氢酶活性	65 ～ 87
红白肌纤维比例	80
血清睾酮	男：78；女：91
LDH5 乳酸脱氢酶同工酶	男：75.8；女：86.2

资料来源：曾凡辉，王路德，邢文华 . 运动员科学选材 [M]. 北京：人民体育出版社，1992.

三、心理、智力与个性特征的遗传度

心理、智力与运动员个性特征主要受遗传因素的影响，一旦形成，就相当稳定，难以改变。1890 年，美国心理学家卡特尔提出了一种心理测试程序，从此心理测试一词便流传于世。1956 年，意大利建立了运动员心理测评系统，用来挑选参加奥运会的选手。20 世纪 80 年代初，我国由国家体委组织开展“优秀运动员心理特征研究”。目前，心理、智力与个性特征不仅是运动领域十分关注的指标，也在高水平运动员的对决中，起了至关重要的作用。表 2-4 显示了要成为一名优秀运动员，其心理、智力与个性特征的遗传度。

表 2-4 心理、智力与个性特征的遗传度（%）

指标	遗传度	指标	遗传度
基本情绪	75	对反抗的抵抗	95
活力	79	对运动冲动	90
思考能力	72	好奇心	87
心理状态	60	对冲动的协调	86
意志坚韧	77	意志坚韧性	83
运动速度	93	对矛盾的反应	80
判断的果断性	96	运动制约	65

资料来源：曾凡辉，王路德，邢文华．运动员科学选材 [M]. 北京：人民体育出版社，1992.

四、运动素质的遗传度

运动素质受多基因遗传控制，形成过程中同样受到环境、训练等因素的影响。运动能力是通过具体的运动素质表现出来，而运动素质是力量、速度、耐力、柔韧、灵敏五大素质的具体概括。青少年时期只要有足够的遗传优势，通过后天环境训练势必将五大素质在运动场上充分表现出来，形成一个运动能力好坏的表象。选材的首要问题就是观察青少年运动员在运动场上的运动才能是否突出，然后才有育才的可能。因此，对运动素质遗传度的了解具有重要意义。同时，在评价过程中应注意遗传相关性特征（即各个指标之间错综复杂的关系），见表 2-5。

表 2-5 运动素质遗传度（%）

指标	遗传度
反应速度	75
动作速度	50 ～ 73
动作频率	30 ～ 73
反应潜伏时	86
绝对力量	35
相对力量	64
无氧耐力	85
有氧耐力	70
柔韧	70

资料来源：曾凡辉，王路德，邢文华．运动员科学选材 [M]. 北京：人民体育出版社，1992.

第三节　变异和环境因素对运动能力的影响

一、运动能力遗传性状的变异

由于遗传，人类能保持子代与亲代相似，维持人种稳定。由于变异，人类才能不断进化与发展，运动能力才能不断提高，突破一个又一个人类运动能力的“极限”。优秀运动员后代中涌现出运动天才，不仅仅是一种重复，而且子代常常超越亲代。有些家庭中，父母并不是优秀运动员，也不具备运动天赋，但其后代却具有卓越的运动天赋。也有父母同是优秀运动员，其后代并不具备运动天赋，这是变异的表现，也不能排除隐性遗传的可能性。

优秀的运动天赋为数不多，若借助先进的科学技术将他们挑选出来，那将是体育科学的一大进步。究竟哪些遗传物质的变异与优秀运动能力有关呢？要明确回答这个问题，还需要进行大量的、艰巨的运动能力分子遗传标记的筛选和确定工作，以及有针对性的研究。

基因变异的原因多可分为三种，即基因突变、重组变异、彷徨变异。

（一）基因突变

基因突变是指某个基因在特殊情况下在DNA长链上的排列顺序发生了改变，出现新的基因，称为基因突变。基因突变会直接影响遗传性状的表达，可能为子代带来良性转变，也有可能为子代带来劣性转变。基因突变在变异形状上表达会异常强烈，甚至面目全非。多数朝着两个极端方向发展。例如，父母长相一般，他们的孩子却长相亮丽，小时像“洋娃娃”，长大后女的成“美女”，男的成“帅哥”；有的父母长相像演员，十分漂亮和帅气，但他们的子女却长得很不起眼；甚至有的父母生出全身长毛的“毛孩”，医学上称之为“返祖现象”；以及生出各种染色体畸变、智力低下的孩子等。目前遗传疾病在优秀运动员身上也频频出现，由于长期的大负荷训练，运动员疲劳累积导致伤病的出现和诱发，致使部分优秀运动员提早退役，严重的导致死亡。遗传疾病是指遗传物质发生变化所引起的疾病。有些伤病是亲代遗传的或先天不足造成的，在进队时，由于种种原因没有发现。所以，在选拔运动员中，要注意伤病的检查，特别是遗传病和运动会加速疾病的诱发导致残疾或死亡的伤病。如前中国男篮主力韩朋山、前中国男排主力朱刚、美国著名排球选手海曼都是因一种叫“马凡氏综合征”的遗传病而猝死。

比较常见的遗传性疾病主要有，在不限制体重的运动项目以原发性高血压病为主，以及许多项目中存在先天性再生性低下性贫血、先天性脊柱裂等。所以，对遗传疾病要有足够的重视，以便在家系调查和体检中及早发现，避免选材，对个人和国家都有利。

（二）重组变异

重组变异，又称混合变异，它是指在受精过程中，遗传物质组合引起子代个体性状的变异。这一组合，一半来自母亲的卵子，一半采自父亲的精子。受精后，染色体产生变异，使子代性状既似父、又似母，又不完全与父母一样。从而，既能重组运动天才，又可能重组运动才能低劣者。例如，刘翔、庄泳、杨文意、乐靖宜、陶璐娜、吴敏霞、王励勤等奥运会冠军，其亲代不是优秀运动员，却能生出运动天才，当然不排除隐性遗传；而父母本身具有运动才能，且十分突出，如中国足球名将谢晖的父母都是前中国田径界优秀运动员、前世界拳王穆罕默德·阿里的女儿是世界级女子拳王。因此，世界冠军家庭不一定出冠军，不是世界冠军家庭并非不能出世界冠军，只不过本身就是世界冠军的家庭更可能延续世界冠军。

（三）彷徨变异

彷徨变异，又称环境变异，是由于环境因素引起的人体性状或运动能力的变异，这种变异与遗传无关，是环境造成的。人体性状或运动能力，除个别质量性状外，如血型、血红蛋白含量、皮纹等，均受到遗传基因控制和环境因素双重因素制约。所有的数量性状，如人体形态、运动素质、生理生化机能等，都不同程度地受到环境和训练的影响而发生变异。

二、遗传基因和环境因素的相互作用

遗传是为运动能力的形成和发展提供实现生理、生化等形态结构的物质基础，而环境和科学训练对人体运动能力的开发起到巨大的诱发与促进作用。环境是诱发变异的外部条件，遗传物质为潜在的变异提供了内在的物质基础。有了环境诱发变异的基本条件，遗传物质的发展潜力才有变异可能。

在选材过程中，不仅要了解亲代运动能力的表现，更要注意子代在生长发育过程中，训练环境和科学训练等外部作用。甚至有意创造发挥运动能力的训练环境，让其具备施展运动才能表现的天地，同时也提供了观察和挑选具有优秀运动才能和体育人才的场所。例如，在能够体现运动才能各阶段敏感期。不关心孩子身心好动的特点，让孩子天天待在家里，看书、做作业、使用电脑等各种“文静”的活动，远远脱离孩子健康成长的体育活动和锻炼场所，即使运动，活动量不足，运动量过小，甚至干涉孩子对运动项目的投入和爱好，都有碍于增进身体发育和健康成长，有碍于体育才能的表现和发现体育人才。姚明 5 ～ 6 岁时跟着妈妈步入篮球场，接触玩耍篮球，几乎每个阶段敏感期都得到充分利用。

只有紧紧抓住在生长发育不同阶段的敏感期，让遗传基因充分发挥作用，并让先天运动才能得到充分表现，这样才能缩短训练培养周期，提高选材的有效性和准确性。选材过程才能变得更加准确、合理和科学。

【思考题】

1. 何为运动能力？
2. 运动能力遗传的物质基础是什么，即何为基因？
3. 目前与运动能力有关的最新基因有哪些？分别起什么作用？

4. 运动能力的遗传规律有哪三大特征？
5. 何为遗传度？包含哪些方面？并举出6～8个你的运动专项中较高的遗传度指数。
6. 基因变异有哪三种？分别有何表现？
7. 遗传因素与环境因素是如何相互作用的？
8. 何为运动能力的敏感期？

第三章

运动能力与生长发育规律

选材中要充分认识、利用人体生长发育的一些基本知识，因为要造就一个世界冠军从统计学角度至少要花费 10 年时间（除个别外），即：选材最佳年龄 = 该项目世界冠军普遍年龄 – 培养训练 10 年。错过这个年龄段就很难事半功倍。

通过上述公式可以发现，所选的孩子都很小，例如，体操世界冠军男孩普遍在 16 ～ 17 岁，女孩在 15 ～ 16 岁，若扣除 10 年的培养，挑选时，少儿只有 5 ～ 6 岁；再如力量性为主的田径或举重项目，世界冠军的年龄普遍近 20 岁，对他们的挑选可以在近 10 岁左右进行。若年龄很小，距离青春发育期很遥远，教练员是绝对不能像训练成人那样去训练孩子，不然孩子很容易练伤，甚至练残，该出成绩的年龄段没有出成绩，从而导致急于求成、昙花一现的局面。要避免这些事情的发生，一定要学习了解少儿生长发育规律和特点，科学合理地实施安排运动量，仔细观察少儿发育程度来进行选材和育才。

第一节　生长发育与规律

生长是指人体细胞不停地繁殖增多、增大，人体由小变大、由轻变重，发生着量变的过程；发育是指在人体生长过程中，各组织、器官、系统在形态学上进行分化，在机能上逐渐专门化，逐渐从量变到质变的过程。生长发育过程的完成，就是人体由量变到质变的过程。

人体生长发育过程概括成 8 个阶段，在这 8 个阶段中，生长发育的速度并不是呈直线上升的。而是时快时慢，有起伏地、波浪式地向前发展（表 3-1）。

表 3-1　人体生长发育 8 个阶段

胎儿期：出生前	青春期：女 11 ～ 16 岁、男 12 ～ 17 岁
婴儿期：出生后 0 ～ 1 岁	青年期：女 17 ～ 23、男 18 ～ 25 岁
幼儿期：女 1 ～ 6 岁、男 1 ～ 7 岁	成年期：25 岁以后～更年期
童年期：女 6 ～ 11 岁、男 7 ～ 12 岁	老年期：更年期以后

资料来源：曾凡辉，王路德，邢文华 . 运动员科学选材 [M]. 北京：人民体育出版社，1992.

我国已有不少项目开展了幼儿期初选工作，如游泳、体操、艺术体操、乒乓、花样滑冰等；童年期是绝大部分项目进行选材的大好时机，被誉为选材的“黄金时期”，如田径、自行车、跳水、武术、技巧、大、小球类、速滑、射击、射箭等；青春期选材项目开始减少，如举重、摔跤、柔道等，因此，在幼儿、童年、青春期三个时期是体育工作者应当密切关注和抢先进行选材的大好时机。

第二节 生长发育的二次突增

一、第一次突增

人体第一次突增阶段，出现在胎儿期到婴儿期，身高年均增长 4 ～ 5 厘米。身高在孕中期（4 ～ 6 个月时）是一生中增长最快阶段，体重在孕末期（7 ～ 9 个月时）是一生中增长最快阶段。（图 3-1）

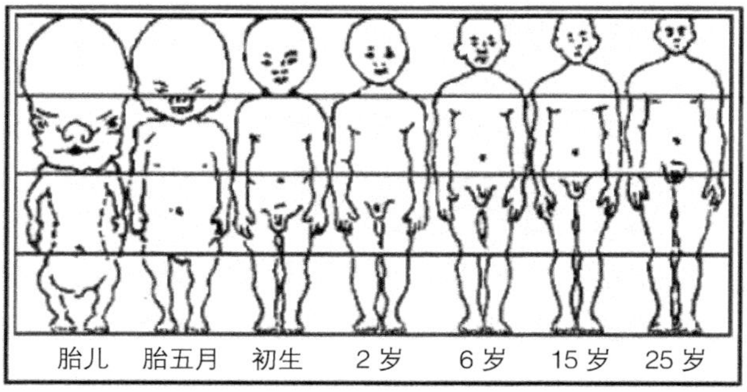

图 3–1 由胎儿到成人身体发育比例变化

资料来源：季成叶 . 儿童少年卫生学 [M]. 北京：人民卫生出版社，2003.

出生后第一年是人体生长发育过程中的第一次高潮。出生后第二年生长速度减缓，保持一个相对平稳的状态。身高每年增长 4 ～ 5 厘米，体重增长每年 1.5 ～ 2 千克，一直保持到青春期前，在此过程中体重、身高一般按照如下增长规律进行：

2 ～ 12 岁的体重 = 周岁数 ×2 + 8（或 7）

2 ～ 15 岁的身高 =（实际岁数 ×5）÷ 80

二、第二次突增

第二次突增阶段出现在青春期，身高年均增长 7 ～ 8 厘米，最快 12 ～ 14 厘米。这时身高一般年增长为 7 ～ 8 厘米，最快可达到 12 ～ 14 厘米。体重一般年增长 5 ～ 6 千克，多者可达 8 ～ 10 千克。之后增长速度逐渐减慢，直到骨骼骨化完成，发育成熟，身高停止增长。运动系统的肌肉重量与体重比值由原先 8 岁儿童的 27.2% 上升到 15 岁时的 32.6%，在 17 ～ 18 岁达到总体重的 44.2%，健美运动员的肌肉比重甚至可以达到总体重的 60% 以上；人体大肌肉群的发育要比小肌肉群发育来得早，屈肌的发育比伸肌来得快，躯干肌群的发育比四肢肌群来得快，上肢肌群的发育比下肢肌群来得快；生殖系统在青春发育期前没有丝毫动静，等待进入青春期后迅速启动，4 ～ 5 年内完成突增，在 18 岁左右功能开始完善成熟起来。人体的许多系统、器官发育都在青春期时迅速地完成“突增”。（图 3-2）

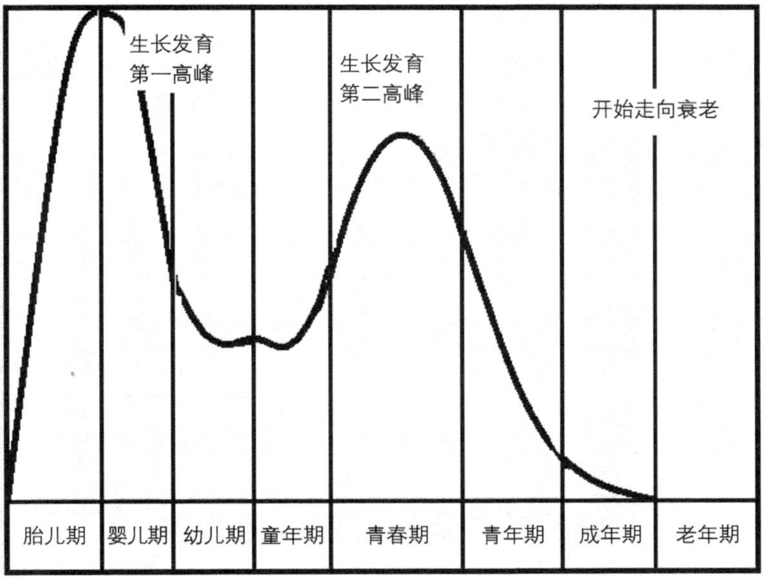

图 3-2 人体生长发育的两次高峰

资料来源：曾凡辉，王路德，邢文华 . 运动员科学选材 [M]. 北京：人民体育出版社，1992.

第三节 生长发育的特点

在生长发育的两次突增阶段中，身体各部分发育的速度比例各不相同，有两个特点特别值得注意。

一、头尾律特点

在第一次突增期，为保证大脑对全身的支配，大脑率先发育，即长头快、长腿慢的发展规律，称“头尾律”，又称“先头律”。这个阶段人体在母胎里形成，头颅占身长的 1/2，神经系统率先发育。

人在 2 周岁时的头围均值已达到成年人 85%，到了青春期末，头围几乎接近成人般大小。新生儿大脑的重量为 380 克左右，几乎占了成人脑重量的 26.6%；到 6 ～ 7 岁，脑重量已达 1200 克，接近成人脑重量的 90%；到 12 岁已经接近成人脑重量约 1400 克，达到成人脑重量的 98.1%；青春发育期的青少年脑重量达到了成年人的 99% 以上。

大脑重量的增加与神经系统的发育为人体其他各系统功能的完善奠定了基础，受头尾律影响，一直要持续到幼儿期。婴幼儿的身体重心较高，似乎“头重脚轻”，难以控制身体平衡，步行、跑步容易跌倒。随着年龄增大，步入童年期的儿童身体重心逐渐下移，控制身体平衡能力也逐渐提高。若要在幼儿期选材，可观察幼儿在激烈奔跑中是否能控制身体平衡、很少跌倒。这是头尾律特点所决定的。

二、向心律特点

在第二次突增阶段中，人体生长不再以长头为主，而是发展成人体形态。即逐步发展成人的头与身高增长比值。“向心律”指身体发育增长趋势是先长四肢，尤其是下肢，再长上肢，最后长躯干的向心发育规律。

了解青春期少年身体发育的向心律，直接与选材工作有关。在进入小学 5 ～ 6 年级正步入青春前期的少儿，向心律逐步显示出肢体修长，线条清晰，指肩距明显大于身高，甚至达 5 ～ 6 厘米以上。对选材人员来说，所有运动项目在此时选材均具有很强的吸引力。进入中学后，在青春中期至晚期，肢体不再继续长长，躯干开始增长。一旦躯干增长，再继续观察身体比例，会发现肢体并非那么长了。不了解向心律特点，就容易被肢体的修长、身材完美“蒙骗”。因此，对于处于青春期的少儿，选材时就要考虑，肢体长度留有的余地要大些，这不仅能够反映今后对运动有利，而且能够间接反映身高增长的趋势状态。

第四节　青春发育期的鉴定

鉴别人体发育程度的方法很多，最终围绕人体生物年龄的增长和成熟度来加以鉴定。所谓生物年龄，是指生物体从发生、发育到最为成熟所经过的年龄，包括成人骨骼、牙齿、第二性征和体型等形成过程的年龄。而生活年龄是记载了出生到死亡实际生活过的年龄。

一个人生物年龄与生活年龄（即实际年龄）是不可能一致的，根据生长发育规律，生物年龄只有 17 ～ 18 岁时，生活年龄可能已达 80 ～ 90 岁。

选材关心的是生物年龄，而生物年龄与相对应的生活年龄会有较大的差异，这种差异主要表现在每个人青春期出现的时刻不同，也有阶段性或周期性的波动，从而会出现在成熟度上有偏大、偏小或正常现象，其两种年龄值总是在正常范围有变动。能否对生物年龄做出客观鉴定，这对提高选材的科学评价与预测有重大意义。实践中，教练员和选材工作者常根据少年儿童的运动素质、运动能力与同龄人身体发育的成熟度进行比较，来综合评价运动员未来发展潜力。而青春发育期是最能够反映机体成熟度和生物年龄的阶段性标志，最常使用青春期第二性征鉴定方法和青春发育期的鉴别法。

一、第二性征鉴定法

第二性征检查被安排在安全隐秘的房间内，由同性别检查人员操作。在青春发育高潮阶段，运动能力的自然增长能得到相当明显的表现。成为预测未来的关键，是教练员和选材工作者必备的选材知识。

无论男女在进入青春期之前，由于各种激素水平迅速增加，特别是性腺激素分泌水平提高，从而引起青春期的发动。男性第一次遗精标志着进入青春期，但并不意味着性器官的成熟，第一次遗精的精液中并无精子。女性月经第一次来潮标志着进入青春期，但这时卵巢重量只相当于成熟时的 30%。月经初潮前，卵巢内虽有许多卵泡发育，但随后逐渐退化而不能发育成熟和发生排卵。月经初潮后的月经多属于无排卵性月经，多次月经周期之后，才会出现有排卵性月经。

（一）男孩少年发育程度与表现

鉴别男孩的发育程度，一般是观察其阴毛、腋毛、睾丸、初次遗精、喉结、乳节、痤疮等性征的发育情况，然后综合评定出其发育程度。此时男性的一系列性别特征逐步出现，如骨骼粗壮、肌力增长。8 ～ 15 岁的 7 年间，肌肉与全身重量之比仅增加 5.4%，而 15 ～ 18 岁的 2 ～ 3 年中其增长可达 11.6%，男性肌肉一直持续增长到 22 岁以上才达到高峰。

在青春期开始后不久，骨骼的发育较快，特别是四肢的长骨发育得很快，骨骼肌纵向发育比横向增长明显。此阶段男孩少年的男性心理强烈，容易过高地估计自己的力量，或者片面地从事力量训练，但不易取得预期的效果，或者在对抗性运动项目中，容易因动作过猛而导致受伤。

喉结突出一般从 12 岁开始，到 18 岁左右喉结增大至成人的 98%。与喉结突起相吻合的是男性的声音变得低而粗。

阴毛、腋毛及体毛的出现和变化也是副性征的表现。青春期开始后，阴茎根部首先出现短而纤细的阴毛，以后逐渐变黑而多卷曲。腋毛的出现比阴毛晚 1 ～ 2 年，出现腋毛的同时，有 1/3 ～ 1/2 的男孩乳房有发育现象，乳晕下有硬块、微有触痛、乳头突出等，这种情况数月后即可消失，属于生理现象。腋毛、胡须的发育是男性的一种重要副性征，青春期开始后在唇颏部出现胡须，逐渐变黑变长，胡须发育的同时，额部发际后移，逐渐形成成年男性的面貌。

随着青春期的发育，第二性征越来越明显，男孩的心理变化也很大，产生强烈的自尊心和自信心，少数人误以为已经成熟，加之对异性的神秘感，可能出现早恋心理。有的误以为吸烟饮酒是男性的特点，在青春期容易染此不良嗜好。选材中应加以注意。

（二）女孩少年发育程度与表现

鉴别女孩少年的发育程度，一般是观察其乳房、阴毛、月经等性征的发育情况，然后综合评定出其发育程度。根据乳头、乳晕、乳腺在不同发育阶段的变化，以及乳节（出现在乳晕下的硬块、压迫时有触痛）出现时间与大小进行分度评价。

在副性征出现前，阴道和外阴开始变长，前庭大腺发育并开始分泌活动。由于脂肪沉积使阴阜丰满，大阴唇变厚并有色素沉着。小阴唇增大，其表面的皱纹逐渐明显。女性的副性征有皮下脂肪增厚，其分布以乳房、臀部、上臂内侧、大腿围度明显。乳房的发育是女性青春期副性征表现的最早标志，其发育顺序按乳头、乳晕和乳房隆起的程度划分。

女性阴毛和腋毛的出现是女性的副性征。腋毛出现约比阴毛晚半年至一年。在此期间的心理变化也很复杂。在身高与体重两个形态指标方面，女孩增长高峰比男孩早 1 ～ 2 年，这也形成男女孩之间在发育均数曲线上有两次交叉，第一次在 10 ～ 12 岁之间，此时女孩在身高与体重上超过男孩；第二次交叉在 13 ～ 15 岁之间，男孩又迅速超过女孩。因此，女孩生长快，身高平均比同龄男孩高一些，这与雌激素促使骺软骨骨化（骨骺闭合）有密切关系。

二、青春发育期高潮到来的特征

青春发育期，是生长发育的第二次高峰，又称为第二次突增阶段，是少年向成年转变的关键时刻。在这一阶段中，人体身高突增，体重明显增加，形态逐渐趋向成人，内脏器官趋于健全，生殖器接近成熟，并出现第二性征。

男性一般在 12 ～ 14 岁开始进入青春突增阶段，出现生长发育的高潮，女性要比男性早 1 ～ 2 年，一般在 11 ～ 12 岁间出现。但是由于遗传、营养、疾病等因素的影响，青春期开始的年龄的早晚存在着明显的个体差异。

开始发育时男性骨龄一般为 13 岁，女性骨龄一般为 11 岁，并发现骨龄拇指种子骨出现和增大，乳房开始发育并第一次出现乳节（男性是短暂的和过渡性的，出现率约 70% ～ 80% 以上）。这些标志的出现可作为即将进入青春发育期高潮阶段的信号（表 3-2）。

表 3-2　青春发育期的生物年龄与发育特征成熟度表

年龄段（男）	年龄段（女）	发育特征成熟度
10 ～ 11 岁	8 ～ 9 岁	提早开始发育（早熟）
13 ～ 14 岁	11 ～ 12 岁	正常开始发育（正常）
15 ～ 16 岁	13 ～ 14 岁	推迟开始发育（晚熟）

资料来源：郭蓓．上海市运动员科学选材工作指导手册 [M]. 上海：上海科学技术文献出版社，2005.

三、骨发育标志与运动能力

人体骨发育是否成熟的标志是通过骨龄来鉴定的，特别是体育行业人士早已熟悉通过骨龄来认证青少年运动员是否能参加与其年龄相匹配的竞赛项目，从而达到公开公平竞争的目的。因为人的生活年龄是可以伪造的，因此在青少年生长发育阶段，决定身体发育成熟度的最可靠标志就是采用生物年龄——骨龄来加以鉴别。骨龄若大，在运动素质和运动能力上会占有很大的优势。那么何谓骨龄呢？骨龄是指骨骼在生长发育过程中骺和小骨骨化中心出现以及骺与骨干愈合的年龄，它也是研究人骨骨化开始与结束的整个过程。

研究骨龄的实际意义有以下几点：评定青少年身体发育状况；预测青少年未来身高；目前最可靠的选材指标；为竞技体育的公平竞争，利用骨龄来判断成熟状况和发育年龄。

最新《中国青少年儿童手腕骨成熟度及评价方法（TY/T 3001—2006）》由国家体育总局批准，河北省体育科学研究所研制，并于 2006 年 7 月 1 日在全国范围内率先实施。

【思考题】

1. 每个专项选材的最佳年龄是多少？

2. 何为生长发育？

3. 人体生长发育的 8 个阶段是如何划分的？其中适合选材的是哪几个阶段？

4. 人体生长发育中有哪两个突增阶段和哪两个特点？了解这些对选材有何意义？

5. 如何鉴定男女青春期的到来？为何要用青春期高潮到来的特征来鉴定？青春期有几年？对运动训练意味着什么？

6. 何谓骨龄？

7. 了解骨龄的实际意义是什么？

第四章

竞技运动员选材常用指标与评价方法

发现一个优秀运动员最好的方法，就是参考最优秀的运动员当年所具备的基本条件，即建立起共性的常模和特殊的特征（包括遗传、形态、机能、素质、心理、个性、智能、技术等），然而我国现在的选材方式还远没有达到能够系统、科学、全面地进行追踪、测试和记录，只能从国家优秀运动员身上倒推当年成功的基本条件。这样往往会漏掉很多具体的细节，无法解决定量标准的采集和管理问题，选材工作的困难就在于此，但只要我们充分认识到这一点，依靠广大教练员的共同努力，配合选材标准制定、出台后的实施、检测和管理，一定能将选材工作完美完成。根据目前选材状况和选材理论的发展，已涉及借助科学仪器步入发掘遗传基因阶段。一个良好的选材常模建立也需要依靠科学方法和测试仪器。测试指标的选取来自运动实践又反馈于运动训练。这些测试指标一定是具有达成共识的测试意义、测试细则和评价标准，能够让后人借以参考、重复应用，为该运动项目服务。

形态选材是竞技运动员选材中的重要环节。形态不仅直观反映了整体体貌特征，还反映了局部形态特点。人的外部形态是功能的良好体现，运动员运动能力的好坏，可以通过人体形态特征间接地表现出来。大多数运动项目在形态上都有着各自的要求和优势，若继续通过运动能力的测试和验证，经过筛选，选拔出具有世界级优秀运动员在形态上存在的各项应具备的优势，则意味着获取优异的运动水平起点就高，潜力巨大。

身材较小、体重较轻的青少年只要内脏器官功能达到要求，则可以从事长跑项目的训练，也可以从事体操、艺术体操等项目的训练，还可以接受以重量为级别的摔跤、举重等项目的挑选。身材高大、身体结实的青少年，可以接受篮球、排球、足球、田径、游泳等项目的挑选，也可以接受以重量为级别的大重量项目的挑选，选择余地更大。其中青少年未来的实际身高，是项目选材的首要指标，各种项目的身高都有世界级优秀运动员作为参考，不能相差太远。根据现代竞技运动员科学选材的研究，形态结构的遗传度较大。优秀的形态指标可以为选材成功提供良好的基础，形态选材的成功与否和专项成绩的提高关系密切。运动员形态选材中涉及的形态学指标内容十分丰富，整体指标包括体型体态（体重、体脂）、身体比例和身体结构；局部指标包括肢体、躯干和头部的长度、宽度、围度及骨龄、皮纹等。

形态学指标与竞技运动能力之间存在着极为密切的关系。例如，以身高占优势的项目需要有空中优势，在其他选材指标优秀且相对不变的情况下，身高越高越有利；以重量级别为主的项目，同等重量级别内瘦体重含量高具有明显优势；在以下肢为主的运动项目中，不同的专项对其下肢占身高的比例、长度、围度的要求也不尽相同；在上肢为主的运动项目中，上肢的长度、围度的要求也有所不同。总之，对形态指标的测试越来越引起世界各国选材工作人员和体育工作者的重视，我国各选材基地纷纷建立起优秀运动员形态指标资料库（包括其他指标），尽可能寻找出符合或接近世界优秀运动员的各项形态指标和优势条件，最大限度地提高成材率、降低淘汰率。

第一节　对形态测量工作的要求

为了保证研究成果的科学性，要求在整个测量工作中尽可能做到严肃、严密、严格。测量工作之前，须明确任务，统一思想，统一认识，统一方法和要求，并细致分工。整个测量过程需要配备 6 ～ 8 名测试人员。

一、测量条件和要求

测量工作至少需要固定测试人员 1 名和记录员 1 名，相互协作与配合。测量工作一般都设在室内进行，保持室内光线明亮、通风，室内温度控制在 18 ～ 28℃。测量工具无论是购买或自制的都要经过挑选，合乎标准。测试工具自始至终由专人使用、专人保管，每次测量前都检查并校正。测量工作结束后，对原始记录进行多遍检查，字迹必须填写清楚。若属测量记录问题，在条件许可情况下进行复测。

每个测量人员负责测量固定的测量指标。记录员除记录测量数字外，还协助监督被测者的体位是否正确、测量数字是否有差错、测量的标志点是否准确，发现测量数字有疑问时，及时提出重测。测试人员分工之后反复测试、熟练技术直至测量的误差缩小到允许的范围，做到稳、准、快。

二、对受试人员的基本要求

受试人员服从现场工作人员的安排，听从指挥，按序入场，保持安静。男生着装要求：赤膊、短裤、赤脚；女生着装要求：背心、短裤（或泳装）、赤脚。受试时与测试人员密切配合，确保测试工作的有序进行。

上肢与下肢测试原则上应遵循测试非有利臂（非习惯用手）或非有利腿（非起跳腿）。

三、形态测量允许的误差范围

体重允许的误差不超过 0.5 千克；允许 1 厘米误差的项目包括肩臂长、骨盆宽、臀厚、上、下肢长、大腿长、小腿长、小腿加足高、胸围、腰围、大腿围、上臂围；允许

0.5 厘米误差的项目包括身高、坐高、肩宽、前臂围、小腿围、脚腕围；允许 0.2 厘米误差的项目包括手长、手宽、足长、足宽。

明确测量的具体要求后，需反复测量、培训验证，符合上述测量标准（即形态测量指标允许的误差范围）并被专家认可，测试数值才有效，效验尽可能在 3 天至 1 周内完成。

四、测量组织工作流程

（一）选材工作的人员安排

设组长、副组长各 1 名，组员若干（6 ～ 8 人）。详见表 4-1。

表 4-1 测量工作安排参考表

测量时间：　　　测量地点：

测量岗位	工作人员名单	职责范围
总调度		全局调度
进口处		发放表格、记录人数
出口处		验收表格
身高 / 坐高测试点		记　录
体重测试点		记　录
指距测试点		记　录
肩宽 / 髂宽测试点		记　录
下肢长测试点		记　录
小腿长测试点		记　录
肺活量测试点		记　录
场地布置		测试仪器到位
财务		有关报销

（二）参加测量运动员人数表样式

设组长、副组长各 1 名，组员若干（6 ～ 8 人）。详见表 4-2。

表 4-2 测量运动员人数表样式

<table>
<tr><th rowspan="2">项目</th><th rowspan="2">教练员</th><th colspan="2">出席人数</th><th rowspan="2">备注</th><th rowspan="2">项目</th><th rowspan="2">教练员</th><th colspan="2">出席人数</th><th rowspan="2">备注</th></tr>
<tr><th>应测</th><th>实测</th><th>应测</th><th>实测</th></tr>
<tr><td rowspan="4">田径</td><td></td><td></td><td></td><td></td><td rowspan="4">摔跤</td><td></td><td></td><td></td><td></td></tr>
<tr><td></td><td></td><td></td><td></td><td></td><td></td><td></td><td></td></tr>
<tr><td></td><td></td><td></td><td></td><td></td><td></td><td></td><td></td></tr>
<tr><td>合计</td><td></td><td></td><td></td><td>合计</td><td></td><td></td><td></td></tr>
</table>

第二节　选材常用形态指标

一、身高

【单位】厘米。

【主要项目及运动员水平】所有；二、三线。

【测试仪器】身高仪或身高坐高计，使用前，应用标准钢尺校正，每米误差不得超过 0.2 厘米。

【测量方法】受试者赤足，以立正姿势（上肢自然下垂，足跟并拢，足尖分开成 60°）站于底板上。足跟、骶骨部和两肩胛间靠拢立柱，躯干自然挺直，头部正直，两眼平视，保持耳屏上缘与眼窝下缘呈水平。测试人员站在受试者左侧，读数时，两眼与水平板呈水平位，记录时，以厘米为单位，精确到一位小数。测试误差不得超过 0.5 厘米（图 4-1）。

【注意事项】

（1）身高坐高计应选择平坦靠墙的地方放置，立柱的刻度尺面向光源。

（2）测量时，要特别注意足跟、骶骨和两肩胛间紧靠立柱。

（3）水平压板与头顶接触时，松紧度要适度，女受试者头有发结者应解下。

图 4–1 身高的测量

二、体重

【单位】千克。

【主要项目及运动员水平】所有；二、三线。

【测试仪器】体重秤，要放在地面平坦处，测量前校准零点。

【测量方法】男受试者只穿运动短裤，女受试者穿运动短裤、背心或短袖衫，赤脚轻轻踏上秤台，自然站立在秤台中央，平视前方，测试人员面向受试者，移动游码至刻度尺呈水平后读数并记录。记录时，以千克为单位，精确到一位小数。测试误差不超过 0.5 千克（图 4-2）。

【注意事项】

（1）测量前预先检查仪器，要求衣着合格，讲解测试时姿势。

（2）测试人员预先熟悉体重秤的刻度尺性能和换算标准。

（3）条件允许，采用身体成分分析仪进行测试，身着单衣。

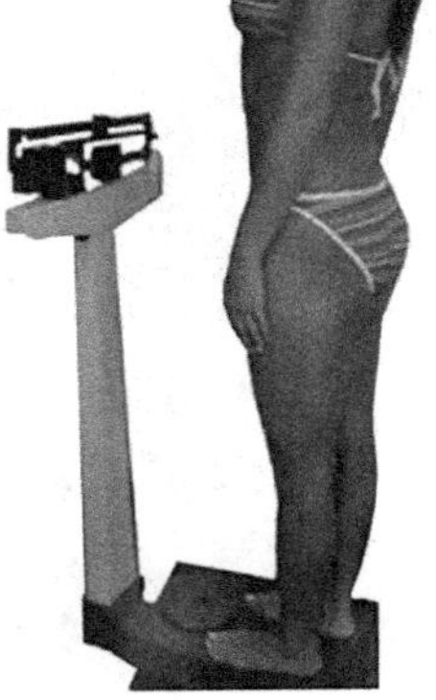

图 4–2 体重的测量

三、坐高

【单位】厘米。

【主要项目及运动员水平】短跑、跳高、铅球、铁饼、篮球；二、三线。

【测试仪器】身高坐高计。使用前，应用标准钢尺校正，每米误差不得超过 0.2 厘米。

【测量方法】受试者先弯腰将骶骨靠近立柱后坐在座板上，使骶骨部和两肩胛间紧靠立柱。躯干和头部正直，两眼平视前方，耳屏上缘与眼窝下缘呈水平。两腿并拢，大腿与地面平行并与小腿呈直角。上肢自然下垂，手掌不要撑住座板，双足平踏在地面或垫板上。测试人员站在被测者的左侧，将水平压板轻轻下滑，松紧适宜地压在被测者的头顶点，两眼平行于水平压板读数。记录时，以厘米为单位，保留一位小数。测试误差不得超过 0.5 厘米（图 4-3）。

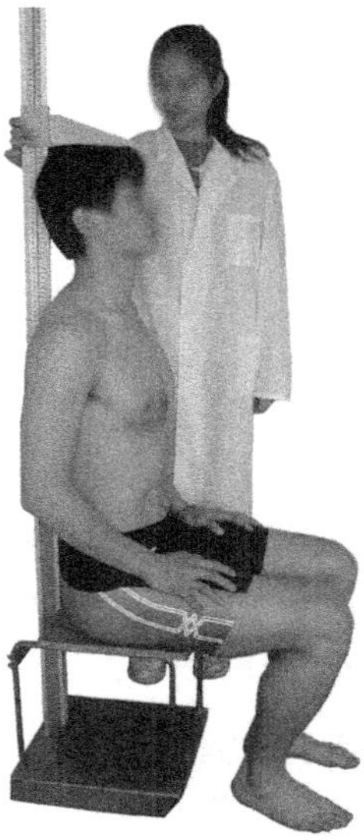

图 4-3 坐高的测量

【注意事项】

（1）身高坐高计应放置在平坦的地面上，立柱须靠墙。

（2）受试者骶骨部和两肩胛间应紧靠立柱，女受试者头顶部必须去除发髻及发夹。

【评价参考方法】

常用坐高指数 [坐高 / 身高 ×100%] 来反映坐高与身高的比例关系，表示躯干占身高比例中的相对长度，指数值大，说明躯干相对长，指数值小，说明躯干相对短。

欧洲成年人坐高指数分为：长躯干型指数为 52.5 以上，短躯干型指数为 52 以下；日本成年人坐高指数为 53.8。我国的情况与日本基本相似，13 ～ 14 岁的儿童为 53.5 左右，反映出儿童腿短、躯干长的体型特征。在运动员选材中，坐高指数小，躯干相对短，绝大多数运动项目上坐高指数小是有利的，如田径和球类项目。1982 年国家体委科研所选材研究组曾调查表明，我国女子排球运动员的坐高指数比较小。国家队队员的坐高指数平均为 52.4，甲级队队员的坐高指数平均为 52.9，运动成绩与坐高指数呈负相关。因此，选材时尽可能选坐高指数较小的少年儿童。

四、指距

【单位】指数或厘米。

【主要项目及运动员水平】游泳、跨栏、铅球、撑竿跳、标枪、铁饼、皮划艇、赛艇、篮球、排球、水球；二、三线。

【测试仪器】2 米以上指距测量尺。

【测量方法】将测量尺固定在平台上，受试者两脚分开，两臂左右侧平举，上体伏在测量尺上，一侧上肢的中指末端固定标尺零位，另一侧上肢尽量向侧方伸展，两手臂成一条直线。测试人员观察受试者两中指尖末端（不含指甲）之间的距离后，读取和记录数值。测试误差不得超过 0.5 厘米（图 4-4）。

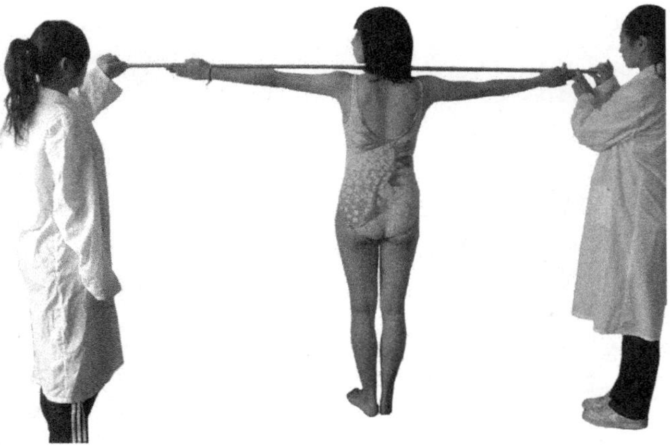

图 4–4 指距的测量

【注意事项】

（1）受试者双臂与胸骨紧贴桌面与尺，上肢尽量向另一侧充分伸展，两臂成一直线。

（2）受试者一只手的中指末端固定在标尺零位上不得移动。

【评价参考方法】

指距又称指间距或肩臂长，是两个手中指末端间（不含指甲）在水平位时的最大直线距离。它是肩宽加两侧上肢长度的指标，了解肩宽加两侧上肢长与身高比例之间的关系。

常用 [指距—身高] 指数进行评价。指数越大，说明上肢就越长。指距的增长变化与身高变化的规律相似，增长最快阶段，男少年在 12 ～ 15 岁，女少年在 9 ～ 15 岁。

指距长短与竞技体育中许多项目的成绩与技术直接相关。例如，体操中抓握器械的支撑点高低；投掷项目摆动臂做功的半径长短、出手点的高低；排球拦网、篮球防护范围的大小等,会对成绩与技术的发挥产生直接的影响。由于肩宽和上肢长度遗传性都很大，所以指距主要受遗传控制，通过训练来改变的可能性很小。我国 [指距—身高] 指数的平均值，大大低于欧美的。

研究发现指间距大的人运动能力一般较强，所以在选材中要充分注意指间距这个指标，尽可能选指距大的儿童少年。以上海为例，男性 [指距—身高] 指数平均值要到 12 岁时才超过身高，17 岁时平均超过身高 2.78 厘米；女性 [指距—身高] 指数平均值，在各年龄组均呈负数，指距均短于身高。白种人在一岁半时，指距就超过了身高，所以最终指距明显大于身高。著名的苏联男子短跑名将，1972 年慕尼黑奥运会 100 米和 200 米冠军获得者鲍尔佐夫，指距超过身高 24 厘米；男子 200 米自由泳、100 米蝶泳世界纪录创造者德国著名运动员格罗斯指距超过身高 28 厘米，被泳坛称为“信天翁”。黑种人与白种人相似，古巴女排的桑切斯指距超过身高 20.3 厘米，全队平均指距超过身高 13.4 厘米。而我国女排指距超过身高最大者仅 5.3 厘米，全队平均指距超过身高 3.19 厘米。因此，与欧洲、美洲、非洲相比，仍有一定差距。

许多选材工作者认为，指距大与肩带和肩关节的柔韧性好坏有关，柔韧性好上肢末端的运动幅度就大些，对从事投掷、体操、篮球、排球、击剑等运动项目都非常有利，如国际优秀投掷运动员的指距一般都比身高高出15厘米左右。我国大多数人指距较小（但大多数项目的运动员的指距指数最好都为正值）。在选材工作中，虽然对指距指标应给予重视，同时又要考虑到种族遗传差异带来的制约，对挑选指距大的我国运动员所带来的困难而不可强求。

五、上肢长

【单位】指数或厘米。

【主要项目及运动员水平】射箭、铅球、铁饼、标枪、击剑、体操、乒乓球、羽毛球、水球；二、三线。

【测试仪器】马丁尺。

【测量方法】受试者成立正姿势，两脚稍分开，两臂伸直自然下垂，两眼平视前方。测试人员站在受试者右侧，将马丁尺端点固定肩峰，另一端垂直向下，指针对准中指末端点（不含指甲）的垂直距离，读取和记录数值。测试误差不得超过 0.5 厘米（图 4-5）。

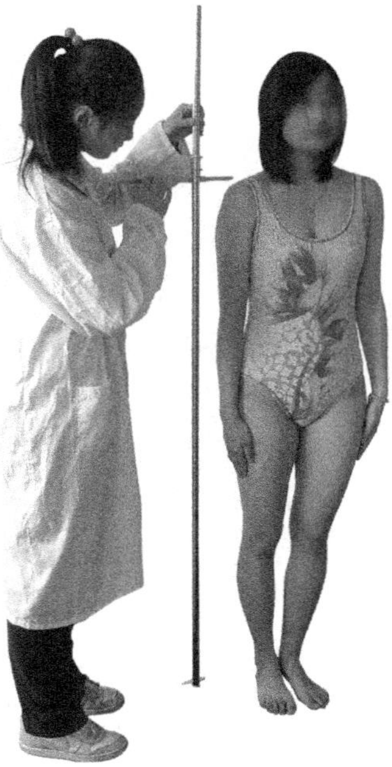

图 4-5 上肢长的测量

【注意事项】

（1）受试者双肩齐平，不能一高一低，上肢下垂尽量伸直。

（2）测试人员的马丁尺要垂直地面。

（3）有条件，测量双侧上肢长，进行优势手对比。

【评价参考方法】

常采用 [上肢长 / 身高 ×100%] 和 [上肢长 / 下肢长 ×100%] 这两个指数来反映上肢长与身高、上肢长与下肢长的关系。

我国曾经在 20 世纪 70 年代前后专门对青少年运动员身体形态进行了 11 个项目的人体测量。结果显示体操、游泳指数最大，与其他运动项目相比居首位；排球其次，近于田径男子三铁运动员，大于其余各项；撑竿跳高运动员在田径各项中上肢长指数最大。说明上肢长能使动作幅度加大，有利于增加工作距离。儿童少年的上肢长同许多运动项目都有很重要的关系，击剑、体操、篮球、排球等项目都需要上肢较长。很难设想一个上肢很短的运动员能在击剑攻防比赛中，拥有距离上的优势。

六、前臂长 A

【单位】厘米。

【主要项目及运动员水平】铅球、铁饼、羽毛球；二、三线。

【测试仪器】马丁尺。

【测量方法】测试人员站在受试者前面触摸并用马丁尺的零位对准受试者尺骨鹰嘴突端点后，测量从尺骨鹰嘴突端点到中指末端（不含指甲）的水平距离，为前臂长A。测试误差不得超过0.5厘米（图4-6）。

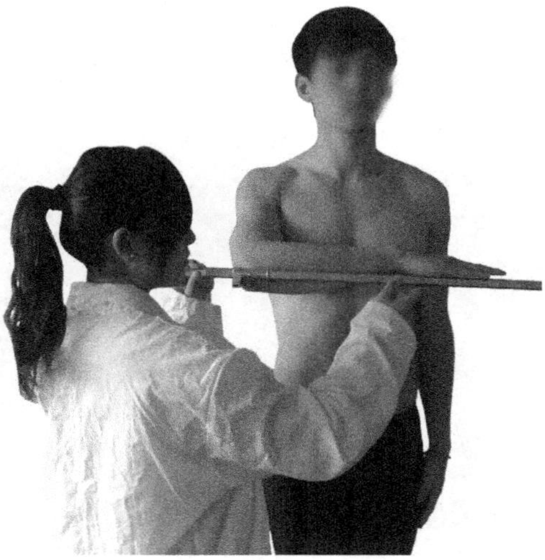

图4-6　前臂长A的测量

【注意事项】

（1）受试者两臂尽量伸直成直线。

（2）测试人员测量时要对准肩峰与中指末端。

【评价参考方法】

常用[前臂长A／上肢长 ×100%]指数来反映前臂和上肢长度之间的比例关系。经体育工作者研究发现，前臂长A越长对运动越有利，要求上肢较长的运动项目，也要求前臂长A尽可能长。

七、上臂长

【单位】厘米。

【主要项目及运动员水平】篮球、排球、羽毛球、乒乓球、游泳、铅球、铁饼、标枪、击剑；二、三线。

【测试仪器】马丁尺。

【测试方法】测试人员站在受试者侧面，先用左手拇指外侧摸准肩峰点，用尺的固定齿端对准肩峰点，移动游标，测量一侧肩峰点外侧缘至肱骨外上髁点的垂直距离。也可通过上肢长和前臂长A之差获得上臂长。

【评价参考方法】通常用[（上臂长/上肢长）×100%]指数来反映上臂和上肢长度之间的比例关系。

八、手长

【单位】厘米。

【主要项目及运动员水平】铅球、铁饼、游泳、篮球、水球；二、三线。

【测试仪器】马丁尺。

【测试方法】测试时受试者手掌放平于桌面，掌心向上，贴于马丁尺上，测掌面平齐尺骨茎突腕横纹至中指末端间（不含指甲）的直线距离。测试误差不得超过 0.2 厘米（图 4-7）。

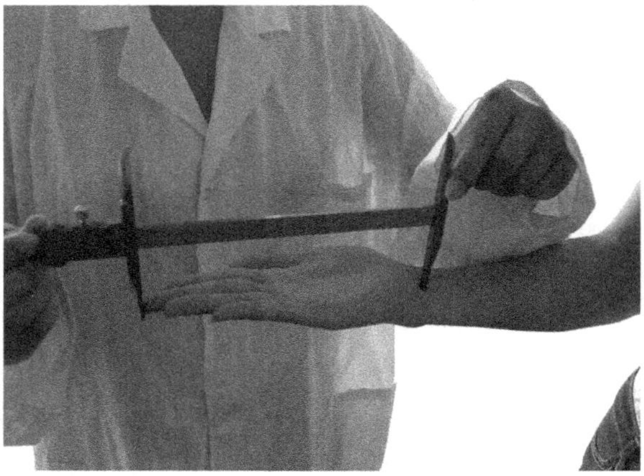

图 4–7 手长的测量

【注意事项】

（1）手要充分伸直，手指不能翘起，测量不含指甲的中指端尖。

（2）桡尺骨远端腕横纹的确定，可在测定时用一只手的拇、食指夹住桡尺骨茎突远端关节缝处，取其相应的那条皮肤皱纹。实际以腕掌部最近端第一横纹线为基准，测量至中指之间的直线距离。

九、手宽Ⅰ

【单位】厘米。

【主要项目及运动员水平】游泳；二、三线。

【测试仪器】马丁尺。

【测试方法】受试者将手前伸，掌心向上，拇指分开放，四指并拢伸直平于桌面。测试人员用尺固定在桡侧掌骨点和尺侧掌骨点，测量两点间的直线距离。测试误差不得超过 0.2 厘米（图 4-8）。

图 4–8 手宽Ⅰ的测量

【注意事项】测量时松紧应适宜，不挤压手掌，两点位置要找准。

十、手宽Ⅱ

【单位】厘米。

【主要项目及运动员水平】铅球、铁饼、篮球、水球；二、三线。

【测试仪器】马丁尺。

【测试方法】受试者将手前伸，掌心向上，拇指分开放，四指并拢伸直平于桌面。测试人员站于受试者左侧前方，测量拇指指尖与小指指尖外缘的水平宽度，测试误差不得超过 0.2 厘米（图 4-9）。

图 4-9　手宽Ⅱ的测量

【注意事项】

（1）手要充分伸直，长尺夹得要松紧适合，只需要轻贴皮肤即可，不要有紧夹或压迫感。

（2）测量手长时，手要充分伸直，手指不能翘起，指甲不得超过指端尖。

（3）桡尺骨远端腕横纹的确定，可在测定时用一手的拇、食指夹住桡尺骨茎突远端关节缝处，取其相应的那条皮肤皱纹。

【评价参考方法】

常用 [手宽 / 手长 ×100%] 指数来反映手的大小和长宽比例之间的关系；用 [手长 / 上肢长 ×100%] 指数来反映手长占上肢长度之间的比例关系。

手的长短宽度与有力地抓握器械关系密切。体操、举重、蓝、排、手球、游泳及投掷运动员应都具备手不仅长而且宽的特点，器械类项目中对抓握器械有利；球类项目中能灵活地控制球，有助于投篮、扣球和拦网；水中项目可以增加水的接触面积等。

我国曾经对女排和女篮国家队员进行测量，手长的平均值为 19.5 厘米，而平常人的手长平均值只有 17.1 厘米。因此，手的长度和宽度是选材中值得重视的一个指标。手长、手宽已成为当今选材工作者所重视的一个指标。

十一、下肢长 A

【单位】指数或厘米。

【主要项目及运动员水平】短跑、中长跑、跨栏、跳远、跳高、撑竿跳、标枪、击剑；二、三线。

【测试仪器】马丁尺。使用前用标准钢尺校正。

【测量方法】受试者两脚分开与髋同宽，膝关节伸直，自然站立，测试人员站于受试者左侧，量左下肢髂前上棘至站立面之间的垂直距离。测试误差不得超过 1 厘米（图 4-10）。

【注意事项】

（1）地面要平，站立时下肢肌肉要放松，体重应平均落在两脚上。

（2）髂前上棘位于骨盆最前上方的转角处。

（3）马丁尺须垂直于支撑面。

【评价参考方法】

下肢长 A 是大腿摆动起来的最高点，能表现出下肢运动的最大弧度。常用 [下肢长 A ／身高 ×100%] 指数来反映运动员下肢长短通用的指数。

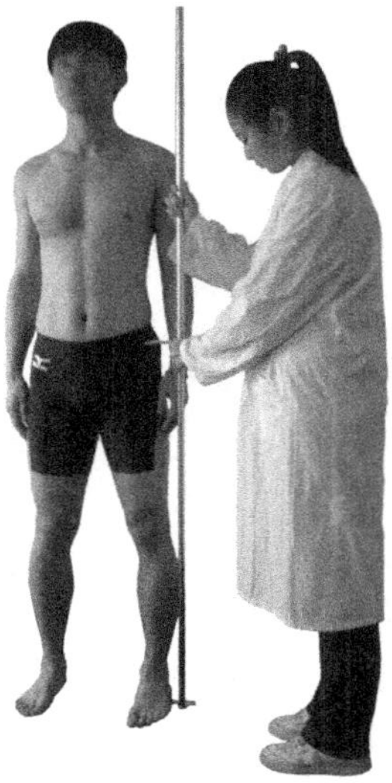

图 4–10　下肢长 A 的测量

一般情况下，指数 55% 为身材等长；指数 56% 为下肢较长；指数 57% 为下肢明显长。在选拔正处于青春发育期高潮的运动员时下肢长 A 指数尽量留大。否则由于先长四肢、后长躯干的“向心律”原则，而失去了“长脚”优势。这一变化，在选拔处于青春期初期和中期的少年时应特别注意。

著名的中国跳高运动员朱建华该指数达 58.9%，为他三破男子跳高世界纪录提供了良好形态条件。在选材中，对那些下肢比例特大者，若超过 58% 以上，应专门对他们进行素质和内分泌检查，以排除由于内分泌紊乱所导致的“无力型”和发育不良的“长脚”所造成而被误选。

下肢长同样存在种族差异。黑种人与白种人一般比黄种人下肢要长。古巴女排与中国女排相比，她们身高相近（古巴平均为 179.78 厘米，中国为 179.46 厘米）。但古巴队下肢长平均为 58.5%，最长达 59.9%，最低也在 57.3%。中国队平均为 55.2%，最长者 55.9%，最低者 54.7%，指数明显低于古巴。因此，在不是特殊需要下肢长的运动项目中，不应在下肢长 A ／身高 ×100% 指数上过分要求，更不应过分苛求。

十二、下肢长 B

【单位】指数或厘米。

【主要项目及运动员水平】短跑、中长跑、跨栏、跳远、跳高、撑竿跳、铅球、铁饼、标枪、游泳、击剑、赛艇、跳水、自行车；二、三线。

【测试仪器】马丁尺。

【测量方法】受试者赤足，两腿并拢站在水平地面上。测试人员在受试者左侧，测量尺垂直立于地面，尺的固定端（零位）在下，移动游标至大转子点读数。记录时，以厘米为单位，保留一位小数（图 4-11）。

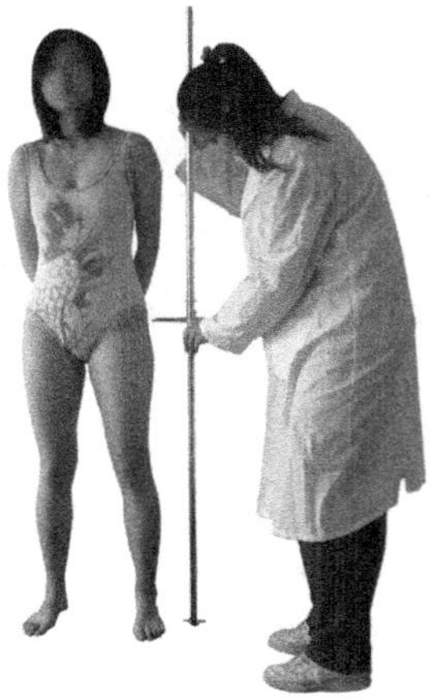

图 4–11　下肢长 B 的测量

【注意事项】

（1）地面应平整，膝盖要伸直，体重应平均落在两脚上。

（2）大转子点要找准。

（3）测试误差不得超过 0.5 厘米。

【评价参考方法】

下肢长 B 是大转子上缘最高点至地面的垂直距离，被称为“下肢真正的总长度”，常用 [下肢长 B ／身高 ×100%] 指数来反映运动员下肢长中的功能位置（转动中心）高低的指数，也是选材工作形体测量下肢长的通用指标。

十三、下肢长 C

【单位】指数或厘米。

【主要项目及运动员水平】短跑、跨栏、跳高、跳远、撑竿跳、标枪、游泳；二、三线。

【测试仪器】马丁尺。使用前用标准钢尺校正。

【测量方法】受试者自然站立，两脚分开与肩同宽，双膝伸直。测试人员站在受试者的后方，使界于臀部和大腿之间的臀纹线暴露出来，将游标水平对准臀纹线，读取记录从臀纹线至支撑面之间的垂直距离。测量误差不得超过 1 厘米（图 4-12）。

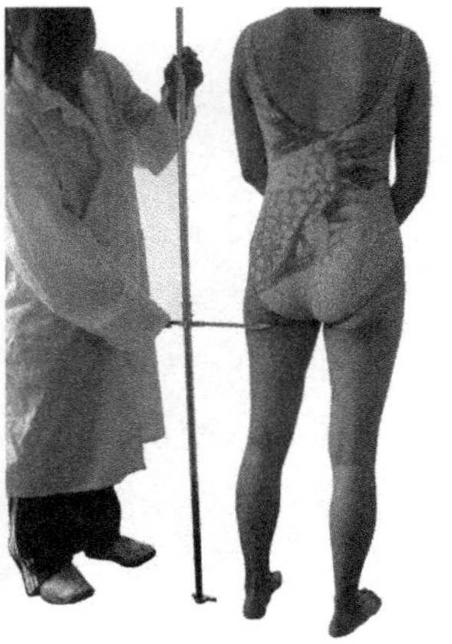

图 4–12 下肢长 C 的测量

【注意事项】

（1）测试时，令受试者适当撩起短裤下缘，能清晰观察到臀纹线为止。

（2）髂嵴后上方指标需触摸准确，位于骨盆后上方最高点的外侧缘。

（3）游标指针要水平对准髂嵴后上方和臀纹线，马丁尺须垂直于支撑面。

【评价参考方法】

下肢长 C 是臀纹最低点（即臀部与大腿凹陷处的纹路）至地面的垂直距离。它反映出臀部位置的高低。常用 [下肢长 C ／身高 ×100%] 指数来反映运动员下肢长中臀部位置高低的指数。

十四、下肢长 H

【单位】指数或厘米。

【主要项目及运动员水平】短跑、中长跑、跨栏、跳高、跳远、撑竿跳、标枪、游泳；二、三线。

【测试仪器】马丁尺。使用前用标准钢尺校正。

【测量方法】受试者自然站立，两脚分开与肩同宽，双膝伸直。测试人员站在受试者的左侧后方，触摸出髂嵴最高点。将游标水平对准髂嵴最高点外侧上缘（骨盆最高点），读取记录从髂嵴最高点至支撑面之间的垂直距离的数值。测量误差不得超过 1 厘米（图 4-13）。

【注意事项】

（1）测试人员令受试者骨盆保持水平不动，不可倾斜。

（2）测试下肢长 H 时，游标指针要水平准确对准触摸到的髂嵴正上缘外侧点，马丁尺须垂直于支撑面。

【评价参考方法】

下肢长 H 是髂嵴最高点至地面的垂直距离。反映了人体下半身（包括下肢长在内）的总长度，近似人体重心的高度。目前很少单独用该指标对下肢进行评价。下肢长 A、B、C、H 对以下肢部运动为主的运动项目与爆发力、弹跳力等素质关系密切，在选材中要给予足够重视。

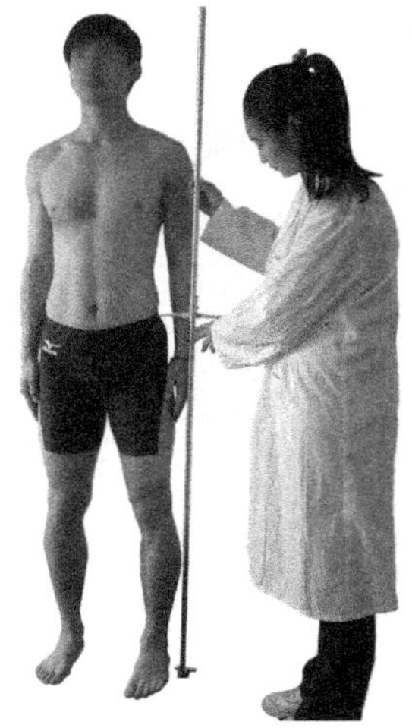

图 4-13 下肢长 H 的测量

有研究显示，用 [下肢长 A ／下肢长 H × 100% = 95%] 来反映下肢动作弧度能达到最大。用 [下肢长 B ／下肢长 H × 100% = 90%] 来反映运动弧度将受到限制。用 [下肢长 C ／下肢长 H × 100% = 80%] 来反映三点绕 B 点中心运动，且运动最有利。

我国优秀田径运动员以上三个指数的情况，能达到最理想比例的人数很少。因理论上的理想化，在竞技体育的人才挑选中，形态虽重要，但还要有相应的机能来体现。我国优秀游泳运动员三个指数平均值并不突出，但在最优秀游泳选手中，A 点更接近 H 点者为多，这是他们共有的特点，论证了理想比例指数。四个下肢长指标的关系常被认为：如果 A 点与 H 点高度相等或越接近，说明髂前上棘已与髂嵴最高点相近，大腿抬起来将与髂嵴最高点平行，达到腰部水平，下肢动作弧度可以达到最大；如果 A 点远低于 H 点，臀部将呈梨形，大腿与臀部在运动摆动中不能形成一体，下肢运动中送髋动作将遇到困难，运动弧度将受到限制；如果 B 点能成为 H 点、A 点、C 点共同的圆心，A 点又与 H 点高度相等或接近，那么大腿、臀部将成为最好的统一体，有利于运动中的送髋动作的完成，出现大腿与臀部最省力的协调运动。

十五、小腿长

【单位】厘米。

【主要项目及运动员水平】短跑、中长跑、跨栏、跳高、跳远、撑竿跳、铅球、铁饼、标枪、击剑、体操、跳水、乒乓球、羽毛球、篮球、排球、自行车；二、三线。

【测试仪器】马丁尺。

【测试方法】受试者站立，左腿抬起，屈膝将全脚掌平稳贴踩踏于凳面上，小腿与凳面垂直。马丁尺垂直于测量腿的内侧。测试面向受试者，位于测量腿右侧，触摸和测量受试者左胫骨内侧髁上缘（膝关节缝隙）至凳面的垂直距离。测试误差不得超过 0.5 厘米（图 4-14）。

【注意事项】

（1）胫骨内侧踝上缘测试者可张开右手扶好膝关节的同时，拇指内侧沿膝关节缝触摸到小腿内侧最上方，即可摸准该点。

（2）受试者左小腿与地面相垂直，马丁尺平行于胫骨上缘缝。

【评价参考方法】

常用 [小腿长 / 下肢长（A 或 B）×100%] 指数反映小腿长占整个下肢长度之间比例关系。也可通过 [小腿长 / 大腿长 ×100%] 指数反映大、小腿长度之间比例关系的指数公式。大腿长 = 下肢长（A 或 B）－小腿长。

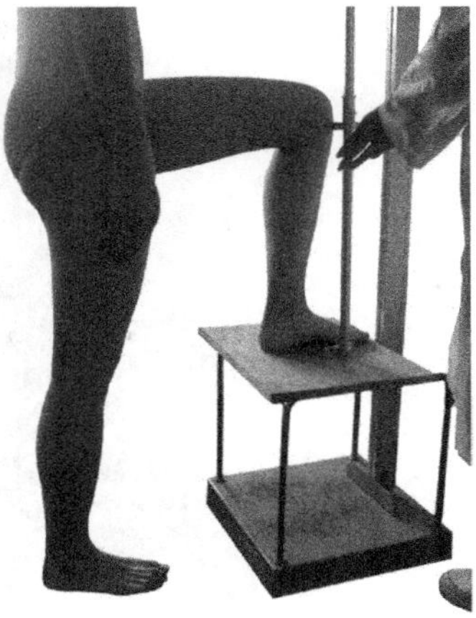
图 4–14 小腿长的测量

我国人股骨长于胫骨 7 ～ 10 厘米，单纯小腿（胫、腓骨）长度是不可能接近和超过股骨的长度，只有增加了足的高度才能使小腿的长度大于股骨的长度。因此，小腿长指数大，说明小腿相对较长，对运动就越有利，指数小，说明小腿相对较短，不利于运动。小腿长指数 [小腿长 / 身高 ×100%] 的变化大体上与下肢长指数的发展变化相似，男性 13 岁、女性 12 岁之前，指数随年龄增长而增大。男性 13 岁、女性 12 岁时，小腿长指数达到最大，男、女分别为 26.7% 和 26.5%。之后，指数呈下降趋势，18 岁以后，基本稳定。18 ～ 25 岁成人，男女均为 25.9%。运动实践已证明，小腿加足长大于大腿长，有利于运动，运动员一般小腿加足高的长度大于大腿长，这一特点在田径运动的径赛和跨跃项目上更为明显，游泳运动员也是如此。在选材中应特别引起重视。

十六、跟腱长

【单位】厘米。

【主要项目及运动员水平】短跑、中长跑、跨栏、跳高、跳远、撑竿跳、击剑、跳水、体操、乒乓球、羽毛球、篮球、排球、自行车；二、三线。

【测量仪器】马丁尺。

【测试方法】受试者赤足面向墙站立，两腿自然分开，两手扶墙提踵，使小腿三头肌充分收缩。测试人员用笔在受试者左腿腓肠肌内测肌腹下缘画一条短标志线，然后让受试者还原成自然站立姿势，用尺的固定端（零刻度点）对准跟骨点（直立时，足跟最向后突起的一点），移动游标至肌腹下缘标志线读数，记录时，以厘米为单位，保留一位小数。测试误差不得超过 0.5 厘米（图 4-15）。

【注意事项】

（1）在画标志线时，腓肠肌外形必须充分显露，皮肤不得移动。

（2）地面与凳面应平整，大腿与小腿必须成直角。

【评价参考方法】

跟腱是小腿三头肌肌腱，指腓肠肌内侧头肌腹下缘至跟骨结节间的直线距离。常用 [跟腱长 / 小腿长 ×100%] 指数反映跟腱占小腿长的百分比。我国一般人该指数平均在 44% ～ 45% 之间。在生长发育过程中，从小到大无显著性差异，比较稳定，易于预测。

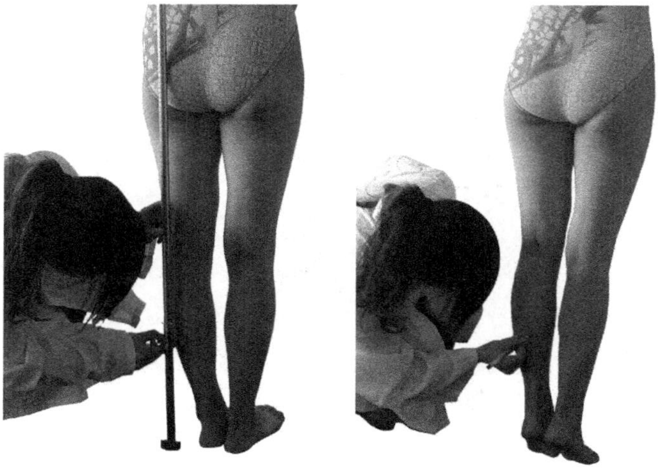

图 4-15 跟腱长的测量

跟腱的长短与运动能力有一定关系，跟腱越长对运动越有利。尤其是对爆发力和速度要求较高的运动项目都需要跟腱清晰而长。优秀运动员跟腱指数高于一般人（如三级跳运动员为 46.20% ± 3.12%；撑竿跳高运动员 47.27% ± 4.04%；女子跳高 47.77% ± 3.57%）。说明运动员跟腱比一般人长，并具有更强大的力量。经研究证明，跟腱的长短与运动能力有一定关系，跟腱越长对运动越有利，尤其是对爆发力和速度要求较高的运动项目都需要跟腱清晰而长。

十七、踝围

【单位】指数或厘米。

【主要项目及运动员水平】击剑、跳水、乒乓球、羽毛球、篮球、自行车；二、三线。

【测试仪器】标准卷尺。

【测量方法】受试者自然站立，双腿分开与肩同宽，测试人员将带尺水平绕过左小腿踝关节内外踝上方最细（跟腱）处水平位置，量其最细处的围度，读取和记录数值。测试误差不得超过 0.5 厘米（图 4-16）。

【注意事项】

（1）站立时，体重应平均落在两脚上。

（2）注意带尺水平绕环。

【评价参考方法】

常用 [踝围 / 小腿长 × 100%] 指数来反映小腿形态和最细围长；采用 [小腿最大围－踝围] 表示小腿粗细之差。差值大，说明小腿三头肌发达，跟腱清晰而长，踝围小。经研究认为，以下肢为主的运动项目，踝围较小，跟腱又长对运动有利，所以在选材中应挑选踝围相对较小的少年儿童。小腿围度可反映小腿肌肉发育状况和小腿曲线是否

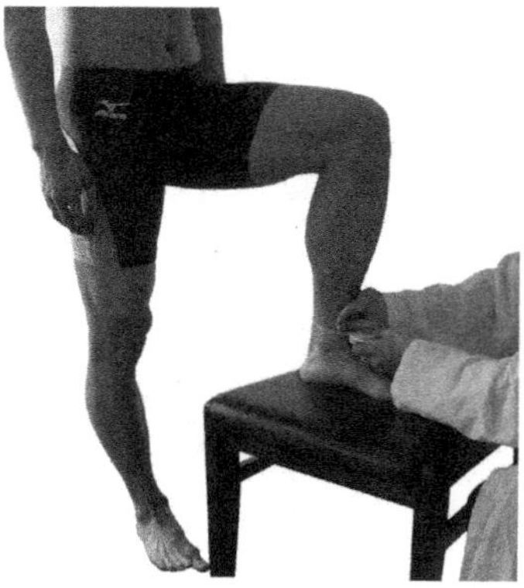

图 4-16 踝围的测量

清晰。而大腿过粗，小腿肚又过大，踝围粗，跟腱短，肌腹下坠且臃肿，小腿曲线不清，都是不利于从事体育运动的小腿形态特征。

十八、肩宽

【单位】厘米。

【主要项目及运动员水平】射箭、中长跑、跳远、撑竿跳、铅球、铁饼、标枪、游泳、皮划艇、赛艇、体操；二、三线。

【测试仪器】马丁尺。

【测量方法】受试者两脚分开与肩同宽，自然站立，两肩放松。测试人员站其背后，先用两手指沿肩胛骨向外摸到肩峰外侧缘中点，再用马丁尺测量两肩峰间距离（图 4-17）。

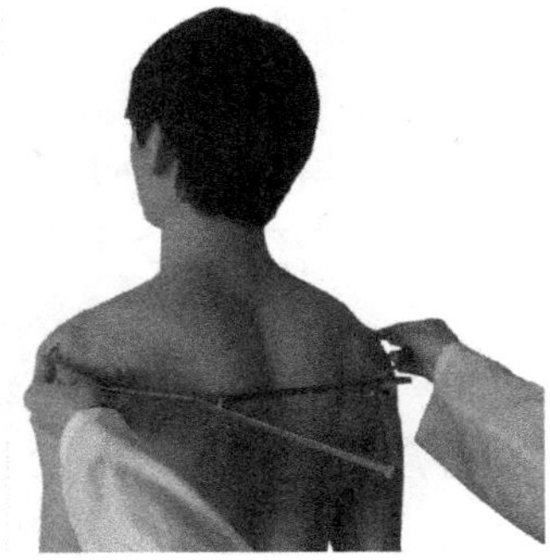

图 4–17　肩宽的测量

【注意事项】

（1）受试者两肩自然放松，两肩要同高，不能低头、含胸、耸肩、挺胸。

（2）测量时马丁尺应保持在水平位下。

【评价参考方法】

肩宽是指左右肩峰点之间的水平距离，它是反映躯干上端的横径指标，能明显地体现体型。其遗传力和坐高的遗传力一样都比较大，是一个在训练中不易改变的指标。

常用 [肩宽 / 身高 ×100%] 指数来反映上体发育情况和肩宽占身高的比例关系。指数大，说明上体横径相对较大，上体较发达；指数小，说明上体横径相对较小，上体发育较差。

该指数基本在 18 岁后趋于稳定并达到最大值，总体上增长较慢。肩宽是一个比较重要的体型指标，肩宽与上肢肩带的力量有很大关系。指数越大，肩带力量相对也大；指数较小，肩带力量相对也小，如投掷运动员就需要选指数较大者。大多数项目都需要指数较大者，但也有少数运动项目需要指数较小的，如中长跑、跳高项目就要求指数相对较小者为好。

十九、髂宽

【单位】厘米。

【主要项目及运动员水平】中长跑、跳远、游泳、篮球、排球、体操；线别：二、三线。

【测试仪器】弯角规或马丁尺。

【测量方法】受试者两脚分开与肩同宽，自然站立。测试人员面对受试者，用两手食指分别摸到髂嵴点，用尺规定在两侧髂嵴点（髂嵴最向外突出的一点），测试两点间的直线距离。记录时以厘米为单位，保留一位小数（图 4-18）。

【注意事项】

（1）受试者两肩自然放松，两肩要同高，不能低头、含胸、耸肩、挺胸。测量时马丁尺应保持水平位。

（2）测髂宽时受试者两腿重心应均匀，髂嵴点要找准，马丁尺松紧要适宜。

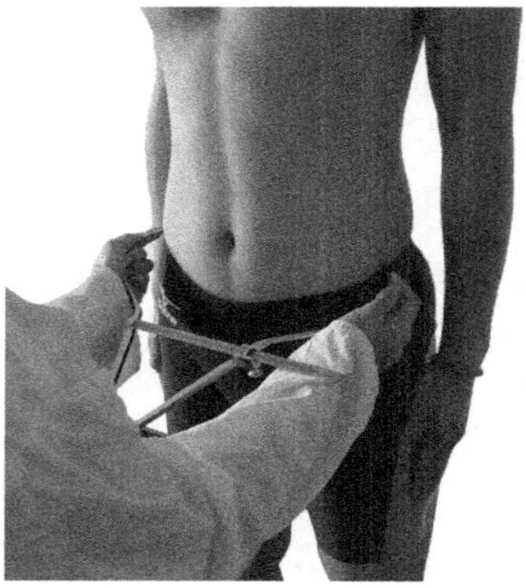
图 4-18 髂宽的测量

【评价参考方法】

髂宽（骨盆宽）是指左右髂嵴向外最突出点之间的水平距离，是反映躯干下端横径的指标，也是一个反映人体体型特点的重要指标。髂宽受遗传因素的影响很大，是一个在训练中不易改变的指标。

常用 [髂宽 / 肩宽 ×100%] 指数来反映躯干本身两个横轴间比例关系的指数。指数小，说明肩宽而骨盆窄，上体发达健壮，躯干呈“倒三角”形态，有利于运动；指数较大，说明是肩窄而骨盆宽，臀部较大，不利于运动。所以在选材中，选指数小者为好。

还常用 [髂宽 / 身高 ×100%] 指数，该指数的发展变化是男性在 7 ～ 13 岁指数呈下降趋势，14 ～ 18 岁随年龄增长指数逐渐增大，18 岁以后基本稳定。女性在 10 ～ 19 岁，随年龄增长指数逐渐增大，19 岁后基本稳定。女性 10 岁后，受生长发育突增期，即青春发育前期开始的影响，男女性别差异越来越大。10 ～ 25 岁女性指数均大于男性，反映了女性躯干下端横径发育特点。

从运动生物力学的角度看，骨盆太宽会影响以下肢运动为主的运动项目的成绩。因而在挑选跑、跳项目的运动员时，就应尽量选骨盆宽窄些的，尤其是女子。骨盆窄对大多数运动项目来说都是适宜的，但有少数项目骨盆相对宽些也无大碍，如投掷项目的“三铁”运动员，骨盆相对宽些。但无论如何，骨盆太宽对运动都是不利的。现在选材工作者不仅重视运动员的骨盆宽，而且还根据有些运动项目需要爆发力、弹跳力好的特点，以跑、跳项目，尤其是短跑、篮、排球等运动项目的运动员尤为重要。即选骨盆窄、臀肌收得高的“翘屁股”运动员，这种体型的运动员爆发力好，在跑跳时身体自然形成前倾，有利于加速。

二十、髋宽

【单位】厘米。

【主要项目及运动员水平】游泳、篮球、排球；二、三线。

【测试仪器】马丁尺。

【测试方法】受试者和测试人员位置同上，测试人员用两食指摸及股骨大转子间的最宽距离，测试误差不得超过 0.2 厘米（图 4-19）。

【注意事项】

（1）体重应平均落在两脚上，以免骨盆倾斜。

（2）在测量时，马丁尺应保持于水平位。

【评价参考方法】

髋宽是指左右髋关节大转子向外最突出点之间的水平距离，也是反映躯干下端横径和躯干体型特点的重要指标。常用 [髂宽 / 髋宽 ×100%] 和 [髂宽 / 肩宽 ×100%] 指数来反映人体躯干下端两个横轴之间的比例关系，也是躯干下端形态体型的重要指数。肩宽、髂宽、髋宽三个宽度均为遗传领先。如图 4-20 所示，3 个宽度正好将人体躯干分成两个梯形，自上而下以 A、B、C 表示。A、B 构成躯干上方的“倒梯形”；B、C 构成躯干下方的“正梯形”，“ab”为 B、C 梯形的高。

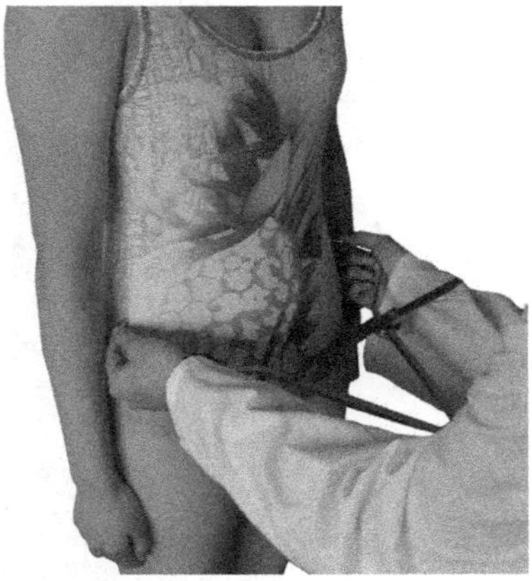

图 4-19 髋宽的测量

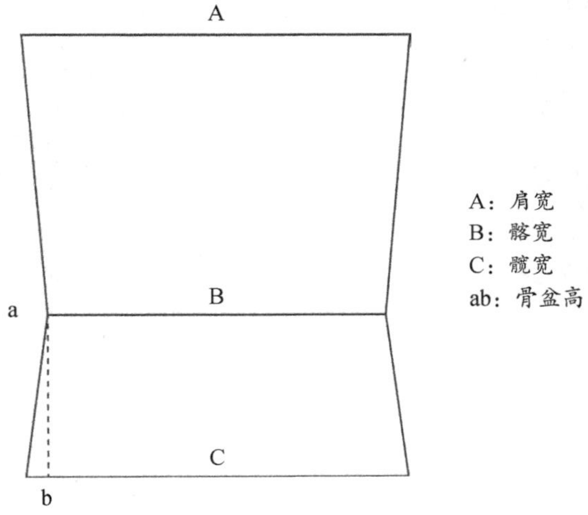

图 4-20 人体躯干示意图

一般 10 岁前正常男女孩之间两个指数无太大差别，有一定稳定性，易于预测。女性随着进入青春发育期，从 12 ～ 16 岁，[髂宽 / 肩宽 ×100%] 指数平均增大 6.8%。骨盆朝着横向方向增长明显，女性肩本身又比男性窄，所以女性 [髂宽 / 肩宽 ×100%] 指数高于男性，男少年相对稳定，易于预测。

经研究分析，男女田径、男女排球运动员 [髂宽 / 肩宽 ×100%] 指数明显高于一般人，躯干趋于桶型。男女游泳和男子体操运动员 [髂宽 / 肩宽 ×100%] 指数显著低于一般人，对上肢力量与肩带宽度的要求较高，使优秀运动员的躯干呈“倒三角”形。在注意 [髂宽 / 肩宽 ×100%] 指数的同时，还应注意正梯形中 ab 的高度。在田径径赛与跳跃项目选材中，ab 高度越小则越好。

二十一、胸围

【单位】厘米。

【主要项目及运动员水平】游泳、皮划艇、体操；二、三线。

【测试仪器】塑料带尺。

【测试方法】受检者自然站立，两足分开与肩同宽，双肩放松，两臂自然下垂，平静呼吸状态，测试人员立于受检者前面，将带尺上缘经背部肩胛下角下缘围向胸前乳头上缘，带尺围绕胸部的松紧度应适宜，以对皮肤不产生明显压迫为度。男性和未发育女性带尺下缘置于乳头上缘，已发育女性置乳头上方第四胸肋关节处，测平静状态下的胸围，并在受检者呼气末时读取数值，带尺上与 0 点相交的数值即为胸围值。测试误差不得超过 1 厘米（图 4-21）。

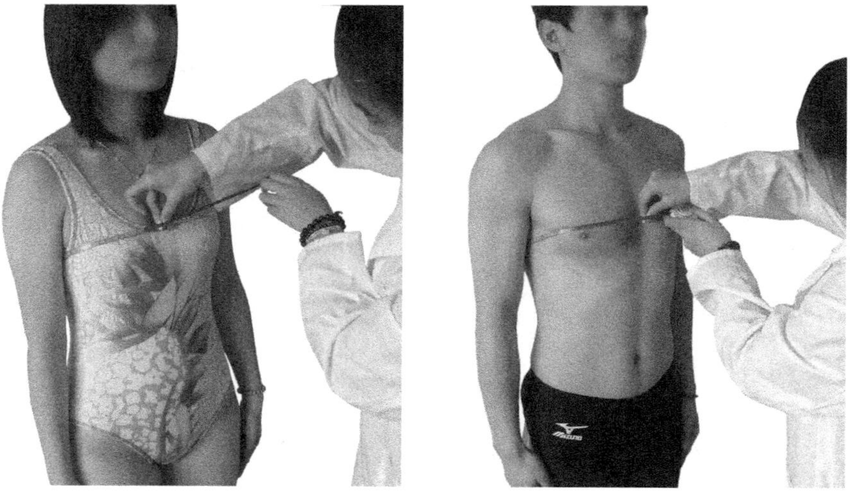

图 4-21 胸围的测量

【注意事项】

（1）测试人员进行测试时，注意受检者姿势是否正确，有无低头、耸肩、挺胸、驼背等，及时予以纠正。

（2）测试人员应严格掌握带尺的松紧度，并做到测试全过程的一致性，以求减小误差。

（3）肩胛下角如触摸不到，可令受检者挺胸，触摸清楚后受检者应恢复正确检测姿势。

（4）两侧肩胛下角高低不一样时，以低侧为准。

【评价参考方法】

常用艾里斯曼指数 [胸围 − 1/2 身高] 和帕格休指数 [胸围 / 身高 ×100%] 来反映胸部发育情况，两个指数大，说明胸廓发育好，胸腔容积大，肺活量大，则运动能力也强。选材时尽可能选艾里斯曼指数较大者，胸廓发育较好。胸围的生长也受一定的遗传影响，但经过后天合理训练，胸围可得到一定程度塑形的改变。

二十二、上臂松紧围差

【单位】厘米。

【主要项目及运动员水平】铅球、铁饼、标枪；二线。

【测试仪器】标准卷尺。

【测量方法】受试者自然站立，两脚分开与髋同宽，双肩放松，上肢自然下垂。受试者一条手臂斜平举约 45°，掌心向上握拳并用力屈肘。测试人员面对受试者，将卷尺绕受试者肱二头肌突起部最粗处的水平围长，读取和记录数值，然后令受试者上肢放下，自然放松不动，测量肱二头肌最粗处的放松围长，读取和记录数值。测试误差不得超过 0.5 厘米（图 4-22）。

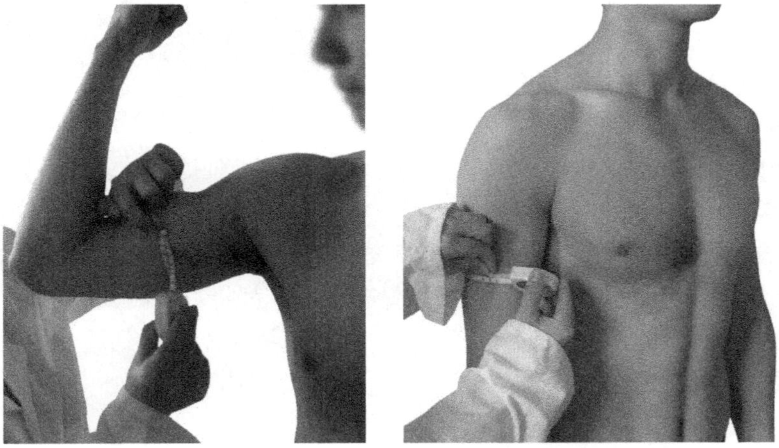

图 4-22 上臂松紧围差的测量

【注意事项】

（1）卷尺松紧度要适度。

（2）先测量紧张围，再测量松弛围。测量紧张围时，肌肉一定要充分挤压、收缩。

（3）在紧张围与松弛围变换测量时，切勿移动带尺，为相同部位。

【评价参考方法】

常用上臂松紧围差值 [上臂紧张围 – 上臂放松围]，间接反映全身肌肉弹性好坏（爆发力）和收缩力量大小的通用指标。差值大，弹性好，收缩力大，爆发力强，肌肉质量则越好。[上臂围松紧差 / 身高 ×100%] 指数是反映上臂形态特点和肌肉发育程度的指数公式。指数大说明上臂肌肉发育程度高。在一定程度上反映肌肉弹性程度和收缩力量的大小。但不宜选由于早熟（骨龄鉴定）而造成指数大的儿童少年。

二十三、足弓蘸迹法

【单位】指数或毫米。

【主要项目及运动员水平】短跑、中长跑、跨栏、跳远、跳高、撑竿跳、铅球；线别：三线。

【测试仪器】平整场地或平面凳桌椅一块，透明薄层玻璃板、薄层锦纶棉（长 50 厘米，宽 30 厘米）一张，珠印油 50 克，少许均匀地涂抹在薄层锦纶棉上，自行设计塑料图尺一张（标有长、宽刻度），干净毛巾 2 块，50 克洗洁精备用，微型计算机一个。

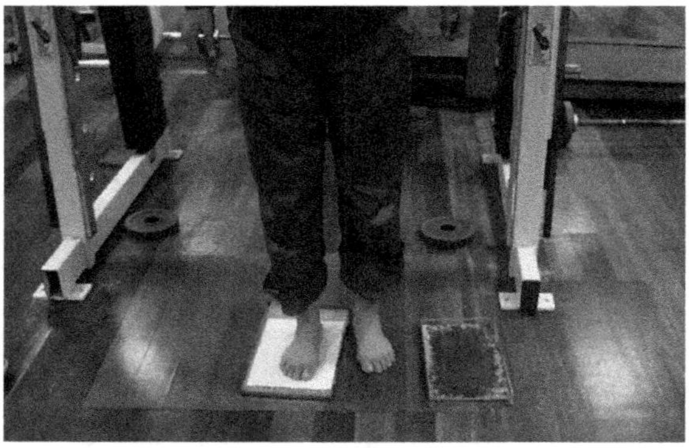

图 4–23 足弓蘸迹法的测量

【测试方法】测试时，受试者赤脚踩蘸印泥（脚底不得搓动），平稳站到透明薄层玻璃板上，两脚不得移动，以免印记模糊，待站稳后离开玻璃板。结束后受试者自己用干净毛巾蘸少量洗洁精，将足下印记迹擦去。测试人员根据足的印记，将评价图尺放在薄层玻璃板下，图尺中轴线对准足跟印记终点内侧缘并联结第二趾骨末端纵轴延续线上，读取第一跖骨头外侧缘与第五跖骨侧头外侧缘的宽度为足底印记最宽度，然后读取足底印记最窄处外侧缘的宽度并记录(图 4-23)。

【注意事项】

（1）测试人员要根据受试者足的大小事先尝试，将珠印油少量、均匀涂抹在薄层锦纶棉上，以足纹能够清晰反映出来为标准。量多、量少都将影响测试效果。

（2）受试者踩蘸印泥（脚底不得搓动），呈立正姿势平稳站到透明薄层玻璃板上，测试结束轻轻提起足后离去。

【评价参考方法】

常用足弓蘸迹法指数 [足底最窄印记宽 / 足底最宽印记宽 ×100%] 评价足弓类型。详见表 4-3、图 4-24。

表 4-3 足弓蘸迹法指数表

指数（%）	0 ~ 30	40 ~ 54	55 ~ 64	65 ~ 79	80 ~ 100
评价	高弹性弓	弹性弓	正常足弓	轻度扁平	重度扁平

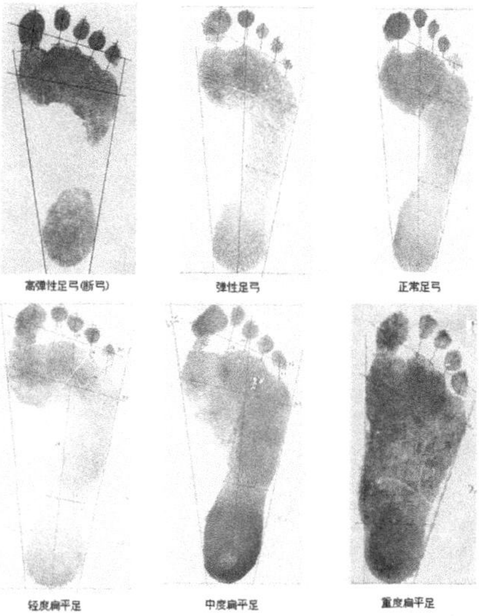

图 4–24 利用足弓蘸迹法评价足弓的类型

第三节　常用生理机能测试指标与评价

一、肺活量

【单位】毫升。

【主要项目及运动员水平】中长跑、游泳、皮划艇、赛艇、跳水、羽毛球、篮球、排球、水球、自行车；三线。

【测试仪器】肺活量测试仪。

【测试方法】将吹嘴装在吹气管进气口上，受检者手握吹气管，将导压软管保持在吹气管上方。按下测试开关，受检者头部略向后仰，尽力深吸气后，对准吹嘴做一次性深呼气，直到不能呼气为止。共测两次，仪器自动记录最大值，测试结束屏幕显示受检者肺活量数据和得分。

【注意事项】

（1）测试必须用一次性吹嘴，做好个人卫生与消毒工作。

（2）受检者嘴与吹嘴须紧密接触，防止漏气，呼气时不可用力过猛。

（3）受检者手握吹气管时不可堵住吹气管出口，个人操作有问题者可以使用鼻夹。

（4）工作人员在测试前应向受检者讲解测试方法和动作要领，并做示范。对个别始终不能掌握要领的受检者，只做记录，不予统计。

【评价参考方法】

常用肺活量/体重指数来评价。肺活量的变化通常是随着年龄的增长而增长，我国成年男子的肺活量约3500～4000毫升，女子约为2500～3000毫升。我国城市少儿肺活量在7～14岁，男孩从1377毫升至3175毫升，女孩从1235毫升至2596毫升，而经过长期体育锻炼的运动员，其肺活量可达到4500毫升～5000毫升以上。这对承受大负荷有氧运动十分有利。

二、神经动作和反应速度

【单位】毫秒。

【主要项目及运动员水平】射击、击剑；二、三线。

【测试仪器】食指摆动测试仪（指频仪），测试神经肌肉反应速度、频率、动作反应时、节奏感等综合能力指标。

【测试方法】测试过程中要求受试者以正常的坐姿进行测试（头正、两眼注视前方的摆幅框），掌指关节拱起，用掌根和外侧三个手指接触桌面，食指延长器撑在伸入摆幅框内。受试者均统一套上8厘米长的轻质延长器，以调整食指长度，使其食指摆动幅度和角度一致。受试者在练习1～2次后进行正式测试。测试人员按开始键，受试者已经做好准备，手指不动，一听到发令枪响便自动开始计时，被测手指急速摆动，直到设定时间完成自动停止计时，在单位时间内显示完成次数。

指频仪是一种通过手指摆动频率和速度测量人体速度素质的方法，通过手指摆动频率获取信息，用于反映神经系统发放频率与冲动。时间精度达千分之一秒，通过软件控制和记录，手指摆动频率数据有显示屏实时显示，数据通过 USB 接口输出。仪器采用成熟的光电产品和便携式单片机进行测试，有限制手指摆幅框架的限制高度，角度控制在 30°，手指不达高度仪器不会自动识别。时间设定为 8 秒。

【评价参考方法】

指频仪在选材研究中可以为挑选速度类型项目运动员进行参考。我们选取 77 名男女一级、健将、国际健将优秀跑步运动员为实验对象（48 名短距离跑），29 名中长距离项目为对照组，进行食指摆频测试。结果显示男子 100 米、200 米短跑和中长距离项目运动员 8 秒指频均值为 85.26 次，平均差距为 9.89 次（$P < 0.01$）；女子为 74.54 次，平均差距为 8.48 次（$P < 0.05$）。100 米、200 米短跑和不同项目（赛艇、皮划艇）1500 米以上中长距离的男女运动员进行指频混合比较，男女短跑和中长距离项目间为 81.87 次，平均差距为 7.89 次（$P < 0.05$）。提供选材的建议是：男子短距离项目指频应达到 90 次以上、男子中长距离项目应达到 80 次以上；女子短距离项目应达到 78 次以上、女子中长距离项目应达到 70 次以上。指频仪的研发与成功应用达到了检测运动员速度素质的目的，为竞技运动早期发现人才提供了一种便携式检测仪器。

三、握力感

【单位】千克。

【主要项目及运动员水平】射击、射箭；二、三线。

【测试仪器】WCS-1000 数显电子握力器，北京东红健身器材厂产品。

【测试方法】使用有计量单位的电子显示握力器，仪器回归零数值。首先测量优势手的最大握力，然后要求受试者，试着握出最大握力的 50%，正式连续测量 3 次，取平均值，记录并算出均数与标准差；另外，也可以在测试时给出 500 克、1000 克两种重量，首先让受试者感觉用力轻重程度，然后开始测试。每种重量测 3 次求平均值。一般手感误差在 40 克左右为优良。

【注意事项】

（1）测量时，受试者脸部偏向另一侧。

（2）被试在安静的情况下进行测试。

第四节　常用身体素质指标测试与评价

一、背力

【单位】指数或千克。

【主要项目及运动员水平】短跑、跳远；二、三线。

【测试仪器】背力计

【测试方法】受试者站在背力计底盘上，身体前倾 30°，握把高度可调节到受试者自然站立、两臂下垂时中指尖的高度。双手反握（掌心向后），双腿、双臂伸直。开始时，集中腰背力量挺直腰杆，当背力计指针随着腰背挺直而停止摆时，指针指向的读数，即为背肌力值。测试两次，取最大值。

【注意事项】

（1）要求受试者在测试前做好充分的准备活动，防止受伤。

（2）受试者靠腰背伸肌力量从前倾 30° 的位置挺直腰背来拉动背力计，不得借屈臂、屈腿、提踵和身体后倒的力量助力。

二、转肩距

【单位】指数或厘米。

【主要项目及运动员水平】标枪、游泳、跳水；二、三线。

【测试仪器】50 厘米长牛皮带，标准卷尺。

【测试方法】受试者自然站立，两脚分开与肩同宽，两臂伸直，双手抓紧牛皮带，虎口相对，用先宽于肩的握距开始为准备活动，向后翻肩（直臂旋转过头）。若不能旋转过头，可重新调整增加两手虎口间的距离。测试人员站在受试者后方，用标准卷尺测量过肩后抓握皮带手的两个虎口之间的握距并记录。每人测两次，取最小值记录。

【注意事项】

（1）受试者应充分做好准备活动，避免拉伤。

（2）旋转时，手臂不得弯曲。

（3）测试人员密切观察受试者测试状态，避免强行过肩造成损伤。

三、颈长 A

【单位】指数。

【主要项目及运动员水平】跳高、铅球、铁饼；二、三线。

【测试仪器】身高坐高计、标准卷尺、记号笔。

【测量方法】测试人员令受试者自然站立，并站在受试者背后，用右手拇指顺着脊柱从颈部上方棘突下捋至最为突出的第 7 颈椎棘突（活体计数骨标志）为止，在第 7 颈椎棘突中心的皮肤上作一个圆点标记，将标准卷尺用右手拇指压在圆点标记上；左手张开四个手指朝上、拇指朝下，手掌托扶受试者颅后部，拇指压住标准卷尺于枕骨粗隆下方转弯处，使标准卷尺某一刻度平齐于枕骨大孔水平垂直向下。测试人员读取枕骨大孔水平至第 7 颈椎棘突中心标准卷尺所经过的距离数值，并记录。常用比

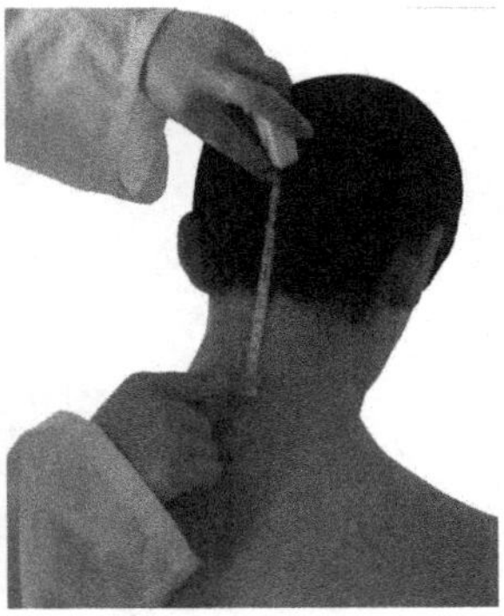

图 4-25　颈长 A 的测量

颈长指数 [颈长 / 坐高 ×100] 评价。测试误差不得超过 0.5 厘米（图 4-25）。

【注意事项】

（1）测试人员首先要摸准第 7 颈椎棘突在体表的标志，其次摸准枕骨粗隆向下转弯处平齐枕骨大孔水平的解剖位置（两个标记都十分容易触摸）。

（2）标准卷尺的松紧要适度。拇指用力适度，指甲勿伤受试者皮肤。

四、颈长 B

【单位】厘米。

【主要项目及运动员水平】花样游泳；二、三线

【测试仪器】标准卷尺。

【测试方法】受试者自然站立，双手下垂，头部上仰至最大角度。测量下颌骨下缘中点至胸骨柄最上缘凹陷处中点之间的距离。以厘米为单位，精确到小数点后一位。测试误差不得超过 0.2 厘米（图 4-26）。

【注意事项】受试者头部需抬至最大角度，测量两点之间的距离，读数精确到小数点后一位。

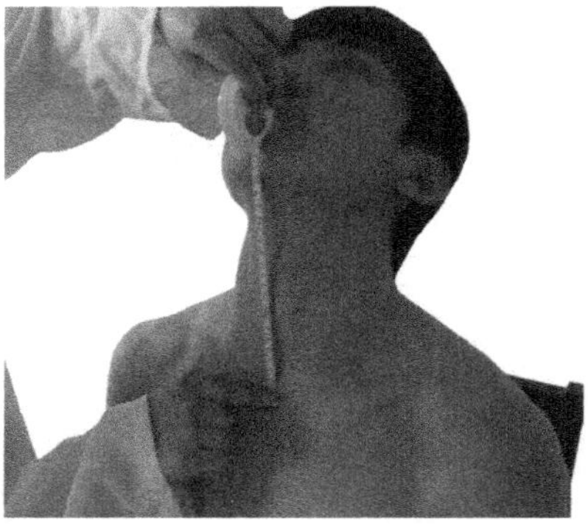

图 4-26 颈长 B 的测量

五、肩胸角

【单位】度。

【主要项目及运动员水平】撑竿跳、标枪；二、三线。

【测试仪器】直角规、记号笔。

【测试方法】男女受试者均穿背心、短裤，先自然站立。令受试者面墙而立，双脚离开墙壁 1 ～ 2 个脚掌，脚跟不能离开地面，有利臂（单臂）尽力垂直上举，手掌五指并拢贴紧墙壁，肩部充分打开，用力挤压肩部，另一只手臂用手扶墙，支撑住稳定身体平衡。测试人员在受试者有利臂或投掷臂的肘关节后方尺骨鹰嘴处和同侧骨盆外上方髂嵴最高点处用记号笔标上记号，使摆动臂和固定臂中线连线对准这两点中不动。活动发生在直角规圆心。直角规圆心对准肩峰（肩关节中心处）。当受试者伸肩达最大限度并停顿 2 ～ 3 秒钟时的时间范围内，这个夹角即为肩胸角，读取和记录数值（图 4-27）。

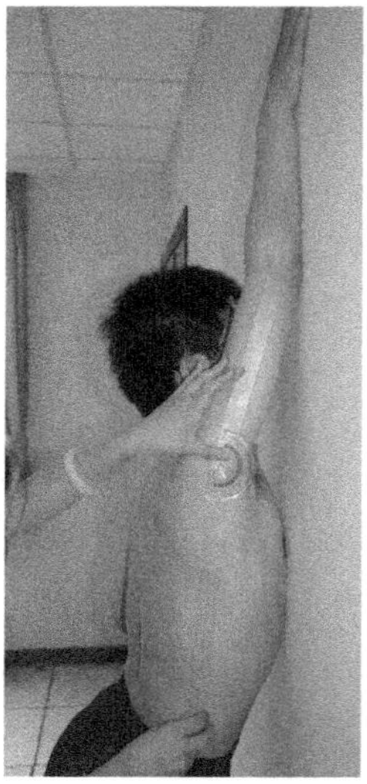

图 4-27 肩胸角的测量

【注意事项】

（1）受试者面墙而立时，头可以转向一侧，但上体必须保持与墙壁平行，另一只手扶墙帮助平衡身体。

（2）测试人员对三个点的采集要准确，直角规位于受试者体侧，并尽量保持三点投影的平行。

（3）由于受试者手臂上举，事先的体表标记因皮肤的牵拉会上升，正式测试时准确观察身体事先标记与直角规的垂直投影。

六、原地纵跳

【单位】厘米。

【主要项目及运动员水平】跳高、撑竿跳、跳水、羽毛球、排球、水球、自行车；二、三线。

【测试仪器】电子显示纵跳仪。

【测试方法】站在测试板上，开始姿势是两腿开立与肩同宽，两臂后摆，下肢三大关节弯曲，两眼平视前方。起跳时双手上摆，尽力垂直跳起达最大高度，测试人员观察电子显示数字显示并作记录，共跳两次，取最大值。该指标是反映下肢蹬伸能力和弹跳能力的力量指标。开始后迅速向上方跳起，对控制身体平衡能力、下肢弹跳力和爆发力方面具有重要意义。

【注意事项】

（1）受试者试跳前要做好充分的准备活动，防止受伤。

（2）受试者双脚同时跳起离地，跳前不要向前垫步，垂直上跳，落地点落在起跳点周围 10 厘米范围内。

七、握力

【单位】千克。

【主要项目及运动员水平】举重、体操、武术、球类、投掷类、撑竿跳高、划船、摔跤、柔道；二、三线。

【测试仪器】WCS-1000 数显电子握力器（北京东红健身器材厂产品）。

【测量方法】受试者自然站立，两臂下垂，先用一只手握，连续握二次，取最大值，再换另一只手同样测试二次取最大值。

【注意事项】不得摆动握力计或借助与身体接触的助力。

八、踝关节屈伸度

【单位】度。

【主要项目及运动员水平】游泳；二、三线。

【测试器材】关节活动度测规。

【测量方法】

（1）第一种方法是受试者坐在水平的长凳上，右脚前伸放在凳面上，膝关节伸直，量角器活动线压在内外踝连线上，量角器后板贴在胫骨前缘，前板贴在距骨和跖骨面上，脚尖尽量绷直（完成跖屈），测试人员站在被测者左侧读数。

注意事项：测试人员不得下压量角器的前板。

（2）第二种方法是受试者仰卧，脚跟部伸越床沿，膝部伸直，关节活动度规固定臂与腓骨小头至外踝的连线平行；活动臂置于第五跖骨小头和跟部外侧缘的连线上，测量踝关节背屈和跖屈间的最大角度。

【注意事项】测试人员不得下压活动臂。

九、仰卧剪腿

【单位】厘米。

【主要项目及运动员水平】标枪、铁饼、铅球；二、三线。

【测试仪器】1 米直钢尺或标准卷尺。

【测试方法】受试者人体仰卧，双臂侧平举（掌心朝下紧贴地面），一条腿伸直不动，脚尖朝上。另一条腿屈膝，与直腿形成直角交叉。高抬交叉腿的大腿与腰部平行、脚尖钩起，足跟抵住伸直腿的膝盖上加以固定，然后利用自身肌力扭转脊柱下腰部并下压，用膝关节内侧缘去接近地面。测试人员测量内侧缘（即从胫骨内侧髁上缘中点）至地面的垂直距离。距离越短，说明扭转度越大，柔韧性越好，反之则反（图 4-28）。

图 4-28 仰卧剪腿的测量

【注意事项】

（1）受试者应充分做好准备活动，避免拉伤。

（2）受试者仰卧位做动作时，上体与手臂保持不动。下肢伸直腿的脚尖朝上不可转动。

（3）受试者交叉腿的足跟贴紧伸直腿的膝盖骨作为固定点不动。

（4）测试人员测量时，应准确触摸到胫骨内侧髁中点上缘。测量钢尺或标准卷尺要垂直于地面。

十、伸腕幅度

【单位】度。

【主要项目及运动员水平】铅球、标枪、跳水；二、三线。

【测试仪器】直角规（关节运动度专用测量器具）。

【测试方法】受试者自然站立，两脚分开与肩同宽。五指并拢伸直，双手胸前合掌（为伸）与合背（为屈），双掌并拢或双背并拢贴胸下沉，腕关节屈或伸幅度越大越好。直角规的圆心对准两手中间，平齐于腕关节中心，固定臂中线延长于前臂中轴（肱骨外上髁与尺骨小头之间），转动臂中线延长于两手中间缝隙（两手腕中间缝隙与末端手指连线）。测试人员面对受试者前下方读取转动臂经圆心上的刻度（图 4-29）。

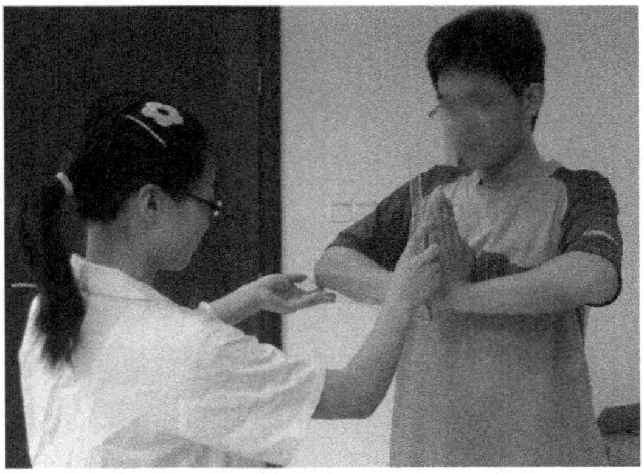

图 4–29 伸腕幅度的测量

【注意事项】

（1）要求受试者前臂裸露，待完成上述动作后，测试人员在肱骨外上髁和尺骨小头小头上用圆珠笔点上标记。

（2）受试者双手胸前合掌与合背时，用力挤压集中于手腕，肩肘部不得晃动。

（3）测试人员在读取刻度时，须将直角规与手和前臂平齐。固定臂和圆心不可移动。

十一、臂伸直度

【单位】度。

【主要项目及运动员水平】射箭、撑竿跳、铅球、铁饼、标枪、击剑、体操；三线。

【测试仪器】直臂量角规（类似马丁尺，区别在于一个是直臂，一个是曲臂）。

【测试方法】要求受试者成解剖学姿势站立，测试部位为惯用的伸直手，手肘关节用力伸直。测试人员面对受试者，五指并拢，双手张开，轻扶受试者双肩，虎口端平，拇指触摸肩关节正前方的肱骨大结节后不再推动皮肤。

【注意事项】

（1）确定受试者上臂肱骨大结节与肘关节的肘窝中心为一直线。

（2）确定肘关节的肘窝中心连接腕横纹中心（前臂腕部前方）为一直线。

（3）最后测量两条直线在肘窝中心之间出现的夹角，用直臂量角器读取度数。

【评价参考方法】

评价参考方法具体详见表 4-4。

表 4-4 臂伸直度测量的评价方法（单位：度）

男	≤ 0.5 ~ 3	≤ 0.5 ~ 2.5	≥ 2.6 ~ 8.5	≥ 8.6 ~ 12.9	≥ 13 ~ 17	≥ 17.1 ~ 25
女	≤ 2.8 ~ 4	≤ 1 ~ 2.9	≥ 3.0 ~ 9.5	≥ 9.6 ~ 13.9	≥ 14 ~ 18	≥ 18.1 ~ 27
评价	重度畸形	轻度畸形	优秀	良好	正常	轻度畸形

十二、倒立高度 C

【单位】厘米。

【主要项目及运动员水平】体操；二、三线。

【测试仪器】马丁尺。

【测量方法】受试者身着体操训练服，暴露臀纹线，呈慢起倒立状，测量左侧臀纹线至地面的垂直距离。测试记录以厘米为单位，保留一位小数。测量人体手倒立时重心高度。测量人体倒立状态下地面到臀横纹线的直线距离。该线越高，对完成高难度动作越有利（图 4-30）。

【注意事项】

（1）倒立时保持直臂直体状态，双足并拢，绷紧脚尖。躯干与手臂不得弯曲。必要时，测试人员可以帮助受试者倒立。

（2）找准臀纹线。

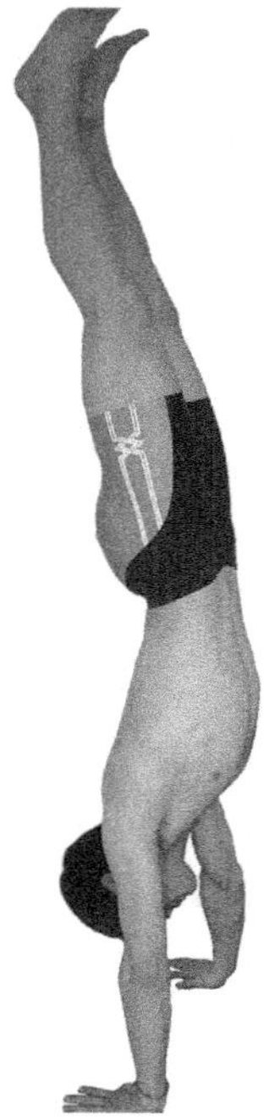

图 4-30 倒立高度 C 的测量

十三、下桥

【单位】厘米。

【测试意义】反映人体肩、胸、腰、髋关节的柔韧性。

【主要项目及运动员水平】体操；二、三线。

【测试器材】垫子或地毯、短直钢尺。

【测试方法】受试者两脚分开，与肩同宽，躯干向后弯曲下桥，两手同肩宽撑地，直膝，髋部尽量上顶，拉开肩关节，手脚尽量靠近。测量足跟至掌骨之间的最近距离。以厘米为单位，精确到一位小数（图 4-31）。

【注意事项】测量必须在直膝后进行。

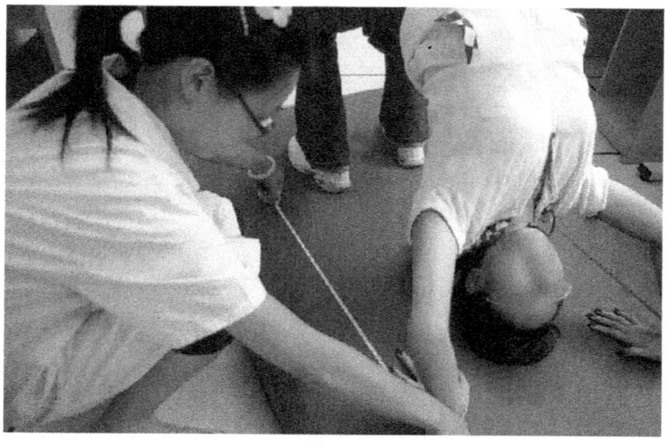

图 4-31 下桥的测量

十四、立位体前屈

【单位】厘米。

【主要项目及运动员水平】撑竿跳、体操；二、三线。

【测试仪器】体前屈测量计（测量前校正游标刻度并调到零位）、体操垫或草坪。

【测试方法】受试者赤脚站在体前屈测量计的台阶上，两脚尖分开约 5 ～ 10 厘米，两腿伸直，足尖末端对齐平台的前缘。开始时上体尽量前屈，两臂伸直、靠拢，食指和拇指并拢伸直，用中指末端（不含指甲）尽力缓慢下推体前屈标尺上的游标板，以增加其远度或距离，直到不能继续下推为止的距离为止。连续推动三次，直到体前屈游标板不能移动的距离为测试人员读取的刻度值。每人测推三次，取最大值记录（图 4-32）。

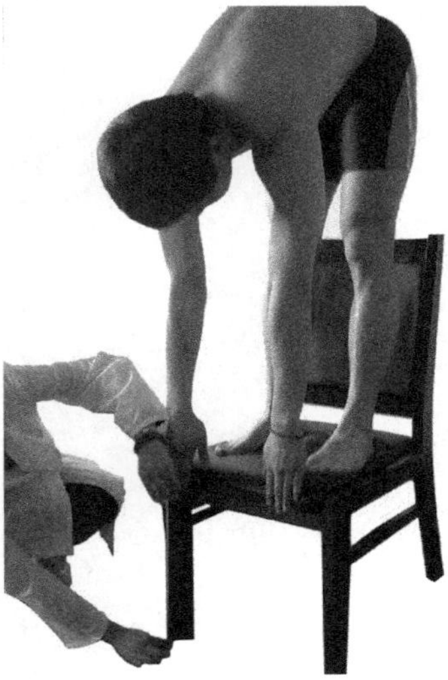

图 4-32 立位体前屈的测量

【注意事项】

（1）测量前受试者应做好充分的准备活动，防止拉伤。测试时测试人员站在受试者右侧，加以保护，防止因失去平衡，向前倾倒。

（2）要求受试者双手同时推动体前屈游标板，若两手距离（成绩）不同，可取平均数。

（3）受试者不能采取突然向前振动的方式、而要平稳缓慢地推动游标板，在让手指与游标板保持 1 ～ 2 秒钟的接触时间后，才能作为正式的值记录。否则成绩无效。

十五、坐位体前屈

【单位】厘米。

【主要项目及运动员水平】跨栏、跳远、游泳；二、三线。

【测试仪器】体前屈测量计（测量前校正游标刻度并调到零位）、体操垫或草坪。

【测试方法】受试者赤脚，双腿分开 5 ～ 10 厘米宽度并伸直，坐于地面，双脚跟勾紧，上体保持正直。体前屈测量计平放，固定于脚底前方（游标与足底平行）。请一同伴轻轻按压膝关节，防止用力时屈膝。开始时上体尽量前屈，双臂伸直尽量前伸，中指末端（不含指甲）尽力动态触摸和推动体前屈标尺上的游标板，以增加其远度或距离，直到不能推进的距离为止。连续推动三次，直到体前屈游标板不能移动的距离为测试人员读取的刻度值。每人测推三次，取最大值记录（图 4-33）。

【注意事项】

（1）测量前受试者应做好充分的准备活动，避免拉伤。

（2）要求受试者双手同时推动体前屈游标板，若两手距离（成绩）不同，可取平均值。

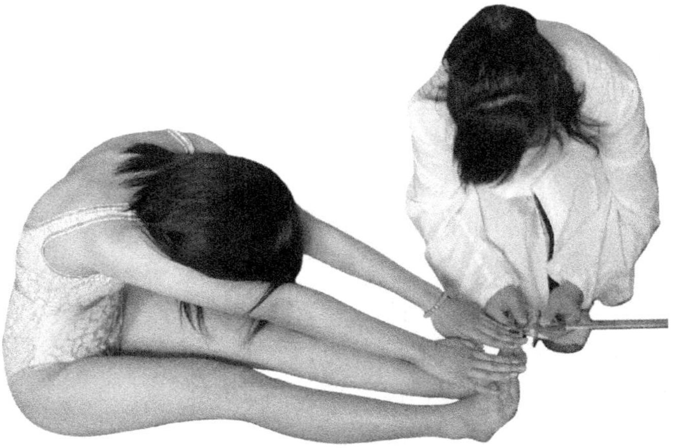

图 4-33 坐位体前屈的测量

（3）受试者不能采取突然向前振动的方式、而要平稳缓慢方式推动游标板，在让手指与游标板保持 1 ～ 2 秒钟的接触时间后，才能作为正式的值记录。否则成绩无效。

十六、跖趾关节柔韧性

【单位】度。

【主要项目及运动员水平】短跑、跳远、跳高；二、三线。

【测试仪器】直角规，记号笔，平面桌子。

【测试方法】测试人员事先让受试者赤足，在第一跖骨头内侧中心和胫骨内踝尖（内踝下缘）上用记号笔点上标记。开始测试时令受试者赤足站到桌子上，裸露小腿面墙而立，脚尖距墙面 20 ～ 30 厘米，两脚分开与肩同宽，向上做提踵动作（踮起脚跟），双手扶墙不断摸高，上升至不能摸到的高度为止，坚持 2 ～ 3 秒钟。此时间内测试人员将直角规的固定臂平放在桌面上与桌面呈水平，直角规圆心和转动臂的纵轴通过第一跖骨头中心和胫骨内踝尖的标记，测试人员迅速读取地面与脚背（上述 2 点）之间形成的角度数值并记录（图 4-34）。

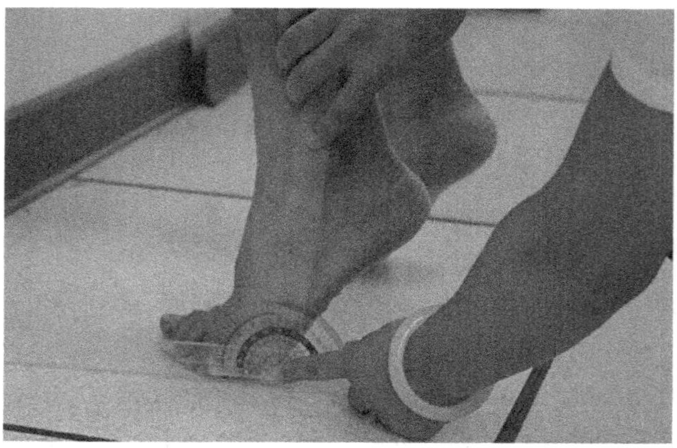

图 4-34 跖趾关节柔韧性的测量

【注意事项】

（1）受试者面墙而立时，头可以转向一侧，但上体必须保持与墙壁平行，双手摸高同时，保持身体平衡。

（2）测试人员标记点时，可以先令受试者充分屈脚趾关节，第一跖骨头会充分显露，标记位置不在第一跖骨头上方，而是第一跖骨头内侧中心。

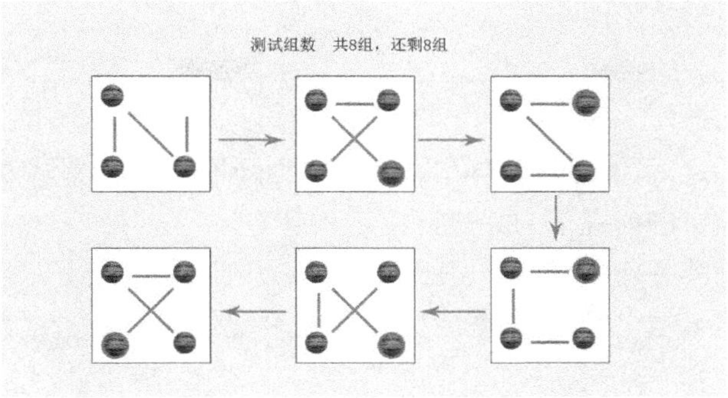

图 4-35 跖趾关节柔韧性测试的标记点

第五节 常用心理指标测试与评价

一、综合反应

【单位】毫秒，出错次数。

【主要项目及运动员水平】射击、射箭、游泳、击剑、体操、篮球；二、三线。

【测试仪器】心理测试专用软件，电脑或其他功能相同的仪器（图 4-36）。

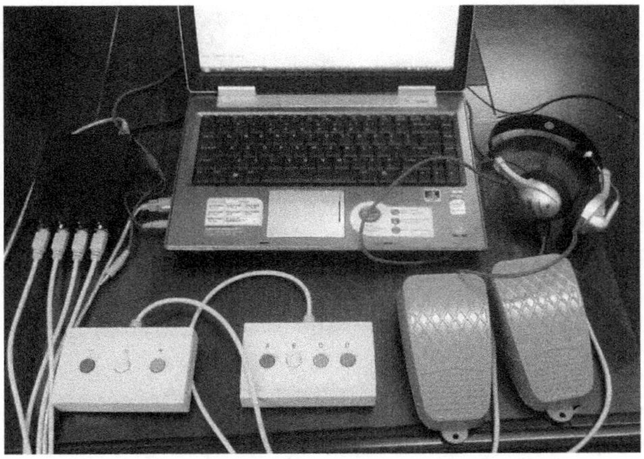

图 4-36 综合反应的测试设备

【测试方法】受试者端坐，双手握住操作仪器上的手动键，双脚轻放在脚踏键上，双眼注视屏幕上的图形。一屏有 6 幅图形，每个图的四个角上各有一个方块，虚线箭头表示受试者应完成的一次按键（按键后图形消失）。左上角对应左手键，右上角对应右手键，左下角对应左脚键，右下角对应右脚键。当受试者准备好，按任意键即开始计时。每一次按键做对了，所对应的小方块随即消失，如果做错了，电脑就会发出响声提示受试者立即改正，但必须做对了才能继续图形往下做。受试者根据每个图形上的红色方块做起，顺着线条标记方向，顺图向下操作。

每一屏上 6 幅图形的操作顺序是：①→②→③

↓

⑥←⑤←④

当第①和第②图之间出现一个小方块时，即为开始信号，受试者应立即从第①图做到第⑥图，要求在做对的前提下，完成速度越快越好。

测试时，先试做第一组，然后，正式测试后 7 组。最终记录 7 组中最快的一组，为最优组成绩，以秒为单位，取小数点后两位，同时记录同组的错误次数、7 组的平均时间及标准差。

【注意事项】受试者理解后开始测试。仪器应放置在比较安静的测试室内，尽量减少环境对受试者的干扰。

二、方位反应

【单位】秒，出错率。

【主要项目及运动员水平】射击、击剑、乒乓球、羽毛球、排球、水球；二、三线。

【测试仪器】原被动反应测试，心理测试专用计算机软件，电脑或其他功能相同的仪器。每两幅图片出现的间隔时间设置为 300 毫秒。

【测试方法】受试者坐在显示器屏幕前，手和脚按、踏在同侧上下的开关键上。当屏幕右（左）上（下）角出现红色方块信号（或图形）时，同侧的手（脚）即按（踏）开关键，以迅速消除红色方块或图形，后者出现 24 次信号为一组，测两组，取时间最短的一组，并记录出错率（图 4-37）。

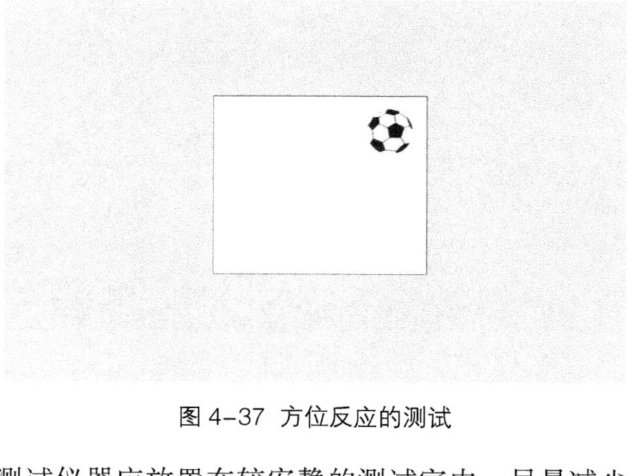

图 4-37 方位反应的测试

【注意事项】测试仪器应放置在较安静的测试室内，尽量减少测试时对受试者的干扰。

三、眼手反应

【单位】毫秒。

【主要项目及运动员水平】射击、击剑、乒乓球、羽毛球、篮球、水球；二、三线。

【测试仪器】心理测试专用计算机软件。

【测试方法】受试者呈坐位，用优势手拇指轻按在按键上，注视屏幕上的小灯或图形。当出现亮点（红灯）后，立刻用手按键，反应越快越好。测试 5 次，去掉最大值和最小值，取剩余的 3 次取平均值（图 4-38）。

图 4-38 眼手反应的测试

【注意事项】测试仪器应放置在较安静的测试室内，尽量减少测试时对受试者的干扰。

四、耳脚声反应

【单位】毫秒。

【主要项目及运动员水平】短跑、跨栏、游泳、自行车；二、三线。

【测试仪器】Psy Tech 心理实验系统。

【测试方法】受试者呈坐位，思想集中，脚轻放在踏板上，戴上耳机，注意力集中。当听见声响时，立刻用脚踩踏板，反应越快越好。测试 5 次，去掉最大值和最小值，取剩余的 3 次取平均值（图 4-39）。

图 4-39 耳脚声反应的测试

【注意事项】测试仪器应放置在较安静的测试室内，尽量减少测试时对受试者的干扰。

五、时空判断

【单位】秒。

【主要项目及运动员水平】射击；二、三线。

【测试仪器】心理测试专用计算机软件。

【测试方法】受试者坐于仪器前，用优势手按红色键，注视显示屏。准备好后测试人员发出信号，首先在屏幕上出现一小球（在中央），然后从左（右）边出现一运动小球，要求受试者在适当的时候按键，使运动着的小球到达中央小球位置时停住，小球左右各出现 5 次。记录 5 次的平均误差。

六、注意力集中仪

【单位】秒，次数。

【主要项目及运动员水平】射击、击剑、乒乓球；二、三线。

【测试仪器】EP701C 型注意力集中能力测试仪。（图 4-40）

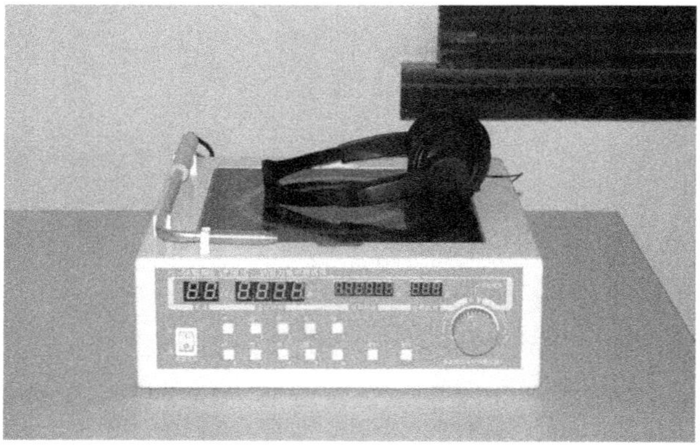

图 4-40 EP701C 型注意力集中能力测试仪

【测试方法】

（1）硬件连接：将“L”形光笔插头插入主机反面“光笔输入插座”处；如需干扰，则将耳机插头插入主机的“耳机输出”处；如需外接干扰信号，可通过 CSX3-3.5 型的立体声插头插入“干扰信号输入”处。

（2）打开电源开关，仪器自动进入上电复位状态（也可任意时刻按红色“复位”键复位）。仪器面板上转速显示“30”，定时“0120”，在靶时间显示“0000.00”，并且转速显示在不停闪烁。

（3）仪器进入转速设置及定时设置，此时仪器转速显示开始闪烁，此时按定时定速键组的按钮，选择转盘速度，在每个键的左上方分别标有“10、20、30…90”选择相应的键，以决定转盘速度。例如，按标有“30”的键，则转盘速度是每分钟转 30 圈。完成转盘速度选择后，转速显示停止闪烁。仪器定时显示开始闪烁，按定时定速键组的按钮，选择定时时间，在每个键的右下方分别标有“1、2、3…0”，按动相应的按钮，输入定时时间数值即可，如分别输入“1”“2”“0”，即完成定时 120 秒。此外，仪器也可以按缺省运行，跳过定速、定时设置步骤，直接按“开始”键，仪器即按转速 30 转 / 分，定时 120 秒运行。

（4）调节干扰噪声音量旋钮，可改变干扰强度。一般情况下将噪音量开到最大。

（5）受试者按测试人员的要求将“L”形光笔放在实验图形板的轨迹上的某一处（由测试人员确定）。一般情况下设置并测量最外周边圆形的追踪转速。

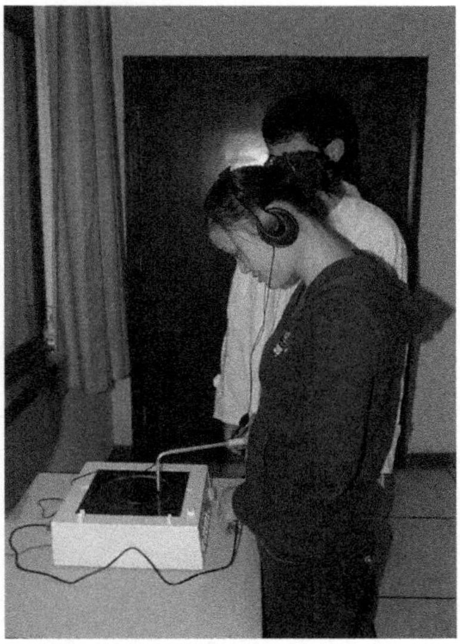

图 4–41　注意力集中仪的测试

（6）测试人员按“开始”键，受试者即可以进行测试，受试者手持“L”形光笔跟踪图形板下运动的红色接受靶，当光笔第一次跟踪到红色接收靶时，仪器正式开始计时、计次。同时仪器发出“嘀嘀”二声，以示仪器开始正式测试。当定时结束后仪器再次发出“嘀嘀”二声，以示结束。

（7）测试人员记录结果。

（8）当完成一次测试后，转速及定时时间显示闪烁。如再次按下“开始”键，仪器将以刚才的设置参数运行。取受试者追踪时间百分比和出错时间百分比（图 4-41）。

【注意事项】

（1）仪器干扰信号需外接时，应把输入的信号强度控制在 0 分贝下，以获得最佳效果。

（2）由于“L”形光笔头发出的是被超声波信号调制红外线，通过实验图形板下的转动接受靶反射到转轴中心的接收器上，因此灵敏度极高，所以在测试时受试者应使光笔头轻轻放在图形上或离开 1 ～ 2 毫米，以保证实验结果的正确。

（3）仪器工作时，接收靶转动，此时严格禁止任何物体接触转动的接收靶，以免损坏仪器的传动机构。

（4）不使用仪器时，请放置一块实验图形板在仪器的安放图形板位置上，以防灰尘。

（5）插入耳机输出、干扰信号输入插座的插头，必须使用直径为 3.5 毫米的 CSX3-3.5 型立体声插头，禁止使用其他类型的插头，以防信号短路，损坏设备。

七、据枪持弓稳定型测试仪

【单位】秒。

【主要项目及运动员水平】射击、射箭；二、三线。

【测试仪器】CDJ-1 型据枪持弓稳定型测试仪（图 4-42），秒表。

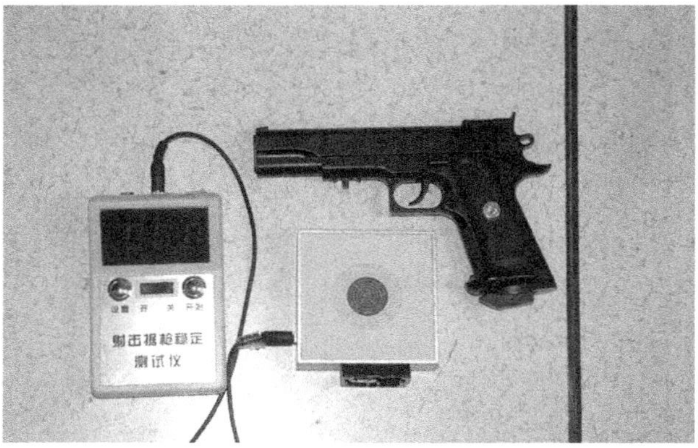

图 4-42 据枪持弓稳定型测试仪

【测试方法】

（1）测试人员按下 CDJ-1 据枪持弓稳定型测试仪开关键。

（2）测试人员设置运动员需瞄准时间（分为 30 秒、1 分钟、2 分钟三档）。

（3）运动员优势手持枪并打开枪身左侧红外线开关，手臂伸直，半侧身自然站位，两脚分开站立与肩同宽。枪口垂直面距离靶面 1.5 米。

（4）待运动员瞄准完毕，听测试人员口令"开始"并按下操作盒开始键，测试开始。

（5）测试完毕，操作盒显示运动员成绩。测试人员记录成绩并按下秒表开关，运动员休息 30 秒。

（6）共测试三次，每次测试完毕后分别记录下测试成绩，取其平均值及标准差（图 4-43）。

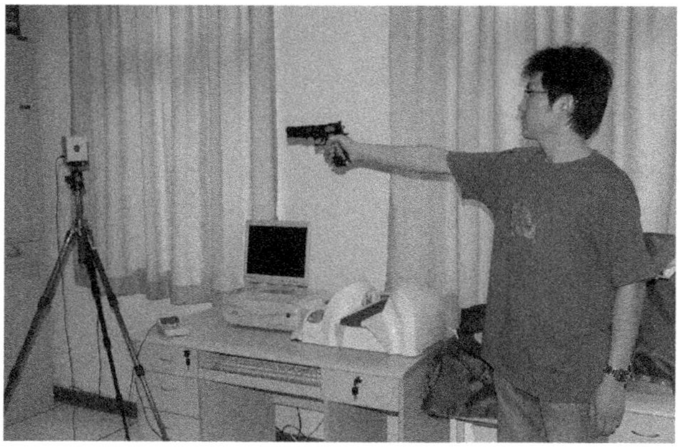

图 4-44 据枪持弓稳定型测试仪的测试

【注意事项】

（1）运动员持枪瞄准时，身体任何部位不得依靠其他固定物体。

（2）运动员休息时，尽量使持枪手臂放松。

（3）本仪器在功能上可代替九孔仪、肘动作方位仪、注意力集中仪。

八、手动作稳定性

【单位】洞数。

【主要项目及运动员水平】射击、射箭；二、三线。

【测试仪器】九孔仪（EPT704 动作稳定仪，华东师范大学教学仪器厂产品，图 4-44）。

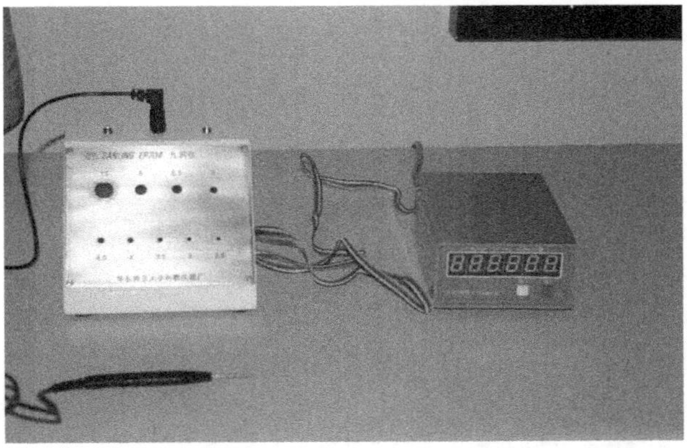

图 4-44 九孔仪（EPT704 动作稳定仪）

【测试方法】

（1）将九孔仪平放在桌面上，边沿与桌边齐平。

（2）受试者坐下，面对九孔仪用优势手持铁笔，手臂悬空，手腕悬空，将铁笔与操作盒面垂直 90° 角插入第一洞（孔）底部，待白色指示灯亮后抽出，如笔碰到洞边，测试仪器会发出声音信号，测试人员记下该洞错误一次。

（3）受试者从第一洞依次插入铁笔。

（4）任何一洞出现 3 次错误，则测试停止，按通过一洞计算得分（图 4-45）。

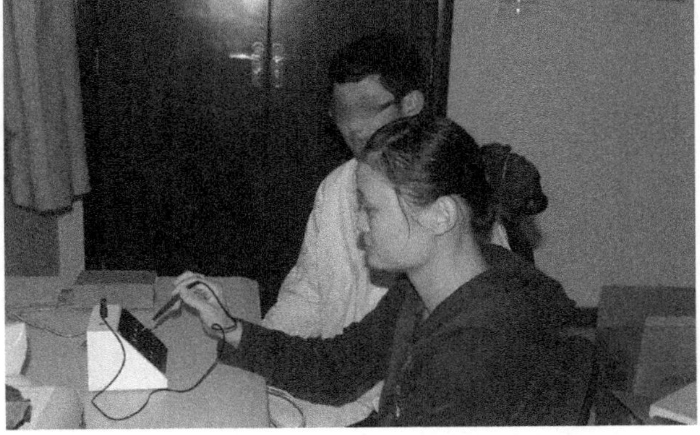

图 4-45 手动作稳定性的测试

【测试评价】根据通过洞（孔）的直径的倒数乘 2 表示手动作的稳定程度。成功插进洞（孔）数越多越好。最后通过的洞（孔）直径小，说明手指稳定性好。

【注意事项】

（1）测试时，受试者肘部及手腕部不得触及桌面或其他固定物体。

（2）运动员需在安静的环境下进行该测试。

九、肘关节本体感觉

【单位】度。

【主要项目及运动员水平】射击、铅球、铁饼；二、三线。

【测试仪器】EP207 动觉方位辨别仪（华东师范大学仪器厂），眼罩（图 4-46）。

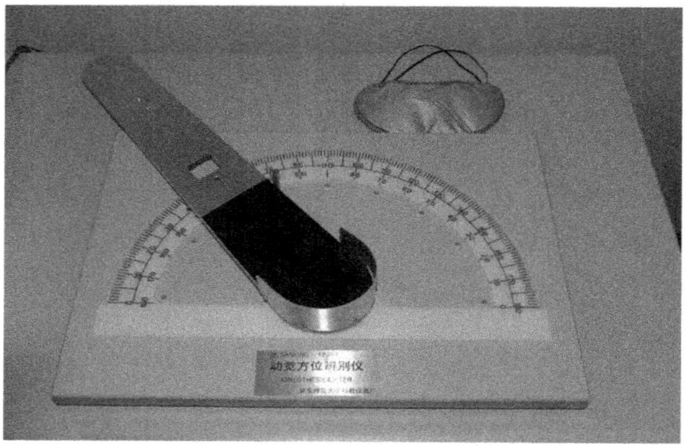

图 4-46 EP207 动觉方位辨别仪

【测试方法】

（1）受试者戴上眼罩，根据实验要求在 EP207 动觉方位辨别仪某一制止器套坐上插入制止器。

（2）受试者把胳膊放在滑动臂上，并根据受试者手臂的长短在其中指与食指之间选择一个合适的螺孔（共 3 个螺孔）旋上手指夹杆，让受试者的食指和中指夹住夹杆。

（3）如受试者用右手臂，就必须按顺时针方向摆动，左臂则按逆时针方向摆动。

（4）受试者摆动手臂，直到碰到制止器为止。这时受试者记住自己手臂的位置后，手臂复位。

（5）测试人员拿去制止器，然后让受试者重新摆动手臂，受试者如感到和刚才位置相同时，告之主试。

（6）测试人员则通过滑动臂下的红指针所指刻度数和制止器所放在的位置的误差值，了解被试辨别自我身体姿态和身体某一部分运动的内部感觉能力。

（7）按上述程序做 3 次，记录测量差值，最后取平均数（图 4-47）。

【注意事项】

（1）受试者摆动滑动臂时，应慢慢地转动，左右方向用力，不能向下用力，以免损

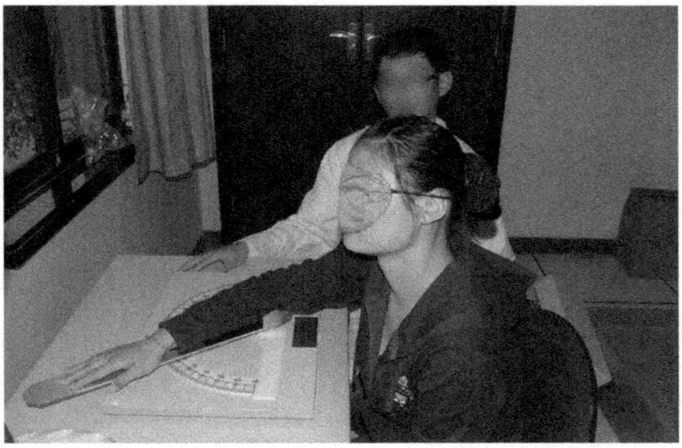

图 4-47 肘关节本体感觉的测试

坏滑动臂和制止器。

（2）在滑动臂的轴心处可放一点润滑油。

十、场依存性

【单位】度。

【主要项目及运动员水平】射击、射箭；二、三线。

【测试仪器】EPT705C 棒框仪（华东师范大学仪器厂，图 4-48）。

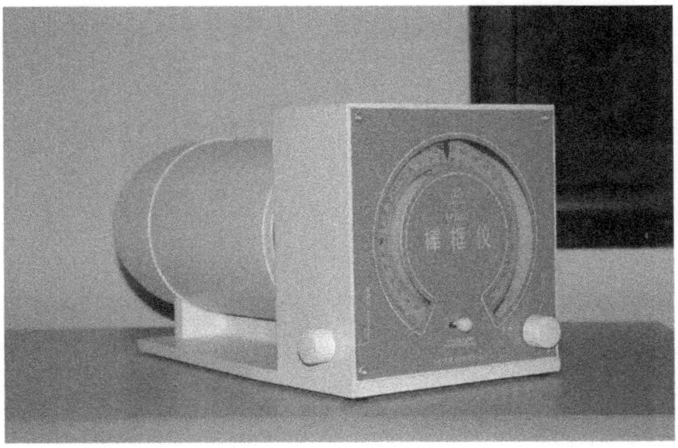

图 4-48 EPT705C 棒框仪

【测试方法】

（1）受试者坐仪器前，闭目。

（2）测试人员松开刻度盘的固定螺栓，使刻度盘能左右自由运动，待刻度盘停止运动后，仪器零位校正结束。

（3）测试人员旋转框调节钮，使框处于一定的角度（仪器背后显示窗内的红针所指的角度），依据测试要求分别为 9°、12°、27°。然后再旋转棒调转旋钮，使棒处于某一角度（仪器背后显示窗内的绿针所指的角度）。

（4）待棒、框分别调试到测试位置，再令受试者双目紧靠观察口，注视亮框及亮棒，并换动亮棒的旋钮，使之调整到他感觉棒与地面垂直，测试人员记录棒偏离地面垂直位置的度数。

（5）每个角度各测四次，左右各两次。例如，测 9° 时，红色指针归零后，先向右调 9°，待两次测试完毕后，红色指针归零，再向左调 9°，继续测两次（图 4-49）。

图 4–49 场依存性的测试

【测试评价】测试 12 次，取平均数及标准差。

【注意事项】

（1）测试应在较安静的室内进行。

（2）测试人员不能提醒黑色棒的参照物。

十一、神经类型

【单位】分值，漏百分率，错百分率。

【主要项目及运动员水平】所有；二、三线。

【测试量表】808 神经类型测试量表（图 4-50）。

【测试方法】受试者共需进行 3 次共 3 张表的测试（每张 5 分钟）。每次测试前，测试人员应朗读指导语，讲清楚本表测试方法，受试者听懂后方可开始测试。当测试人员发出“开始”口令后，受试者应从表上第一行起逐行由左向右逐个符号查阅，在规定的符号上画“-”，说明已经将规定符号检出。在规定的时间内力争不漏划、不错划（错误后涂改仍算错），查阅符号多者为好。测试人员宣布“5 分钟到”时，受试者应当在当时正阅到的符号上画“√”为记号，说明第一次测试完毕。

第一张表的规定符号：由测试人员从表上 8 个相似符号中任意规定一个（可画在黑板上）。第二张表的规定符号：表上每一行最左边的一个符号，即为该行的规定符号。第三表的规定符号：除与第二张表一样，以表上每一行最左边的一个符号为该行的规定符号外，还在“*”和“*”两个符号中任意指定一个，为本次测试规定的条件抑制符号（可画在黑板上）。凡紧接在规定的条件抑制符号后面的一个符号是原来按第二张表测试方法应画“-”的符号时，则改为在该符号上画“○”（否则为错）。

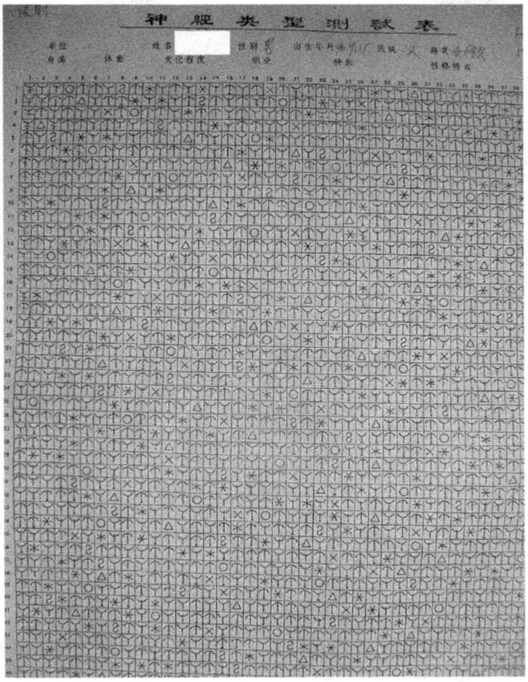

图 4-50　808 神经类型测试量表

【注意事项】

（1）需要一个安静的教室环境，每位受试者一个座位，秒表统一计时。

（2）测试人员讲解测试方法时，应要求受试者将 808 神经类型测试量表翻成面向上，认真听讲，待测试人员发令后，再将表翻至正面开始测试。

（3）测试第二表、第三表时，每行左边第一个符号也要划“—”，否则算漏。

（4）统计与分析 K 值。

十二、CRT 指数

【单位】分值。

【主要项目及运动员水平】所有；二、三线。

【测试量表】CRT 量表。

【测试方法】安静环境下，每位受试者分发一本图本和答案纸（或在计算机上答题），由测试人员念指导语施测，并讲解第一道题，理解和掌握要求后开始测验，40 分钟后收卷，评分时记录原始分数，分别按瑞文联合型城市、农村常模表给予评分，再换算成 IQ 值。

CRT 为非文字智力测验，材料是由 72 幅图案构成 72 道测验题的一本图册，共分 6 个单元（A、AB、B、C、D、E），每单元 12 题，测验题是按从易到难的原则依次排列，每个单元的智慧活动各不相同，为直接观察到间接抽象推理的渐进过程，前三个单元（A、

AB、B）主要是测量儿童的直接辨别能力，后三个单元（C、D、E）主要是测量儿童的类比推理能力。

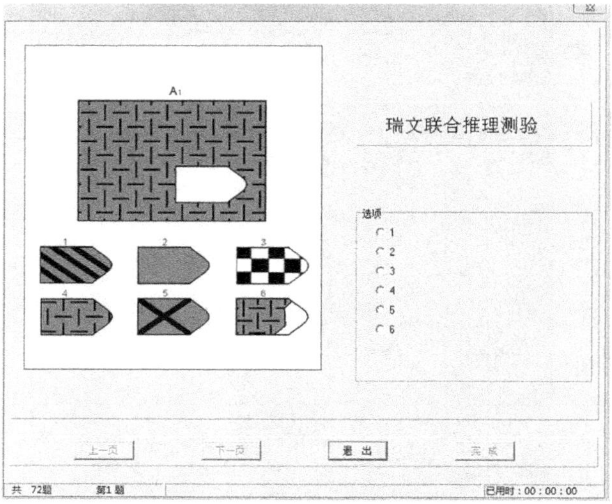

图 4-51 CRT 演示

指导语：（共同打开图册第一页）看上面一张图（A1），右下角缺了一块，请你从下列的 6 小块图片中选一块最适合的补上去。你找找看，哪一块补上去最好？最配得起来？当然，正确答案是 4，请将数码 4 写在记录纸上与 A1 相对应的左边空格里。在受试者都掌握了方法以后，接着翻到下一页（A2），并告诉大家每一张图上都有缺失的一角，要求从下面 6-8 个小块图中找到一块最适合的补上去，并将它的号码写到记录纸上相应的空格里。注意，每张图只有一块是对的。A2 的唯一答案是 5。大家对一下，有无选错，写错，错了马上矫正过来。好现在开始一页页地做下去。注意不要翻过页，不要跳着做，要对好题写，不要写错位置。限在 40 分钟内交卷，能做多少就做多少。计时开始（图 4-51）。

【注意事项】

（1）受试者年龄 5 ～ 75 岁，团体测试 10 ～ 50 人左右。

（2）受试者处于安静状态。一定强调需要比较安静的测试环境，譬如教室，办公区域，一人一桌等要求。

（3）防止受试者之间相互抄袭。

（4）强调图册绝对不能写数字或胡乱涂写，因为图册是准备多次使用的。

十三、人格因素

【单位】分值。

【主要项目及运动员水平】射击、射箭、乒乓球、篮球、排球、击剑、水球、自行车；二、三线。

【测试量表】16PF 人格因素量表及评分软件。

【测试方法】使用“卡特尔 16 种人格因素调查表”测试性格。按测试计算结果并评定人格因素。15 岁前使用儿童版，15 岁后使用成人版。指导语是指测验时测试人员向受试者所做的有关测验要求的说明。每次测试时，都应采用统一的指导语。

16PF 人格因素量表指导语：本测试包括一些有关个人兴趣和态度等问题，每个人对这些问题会有不同的看法，每个人的回答也就自然会有所不同。因而对问题如何回答，不存在“对”与“不对”之分，只是表明您对这些问题的态度。请您尽量表达您个人的意见，不要有所顾忌，要尽量坦率地表达自己对这些问题的真实态度，一一写在答题纸上。答题时应当记住的是：答案只能填写在答题纸上，不能在问卷书上留下任何书写痕迹；每一个问题都有三个被选项，每个问题必须回答且只能选择一个答案；除非在万不得已的情形下，请尽量少选如“介于 A 与 C 之间”或“不一定”等中性答案；如果您想了解真实的自我，请务必根据自己的实际情况回答。本测试应凭自己的直觉反应进行作答，不要迟疑不决，拖延时间。一定要在一个小时以内完成整个测试。有些题目您可能从未思考过或者感到不太容易回答。对于这样的题目，同样要求您做出一种倾向性的选择。

【注意事项】

（1）受试者处于安静状态。

（2）测试环境必须是比较安静的，如教室、办公区域，要符合一人一桌的要求。

十四、特质焦虑

【单位】分值。

【主要项目及运动员水平】射击、射箭、排球、游泳、击剑、体操、跳水、乒乓球、羽毛球；二、三线。

【测试量表】STAI 状态 - 特质焦虑问卷测试。

【测试方法】指导语：每个人都有焦虑的时候，今天给大家一张测量焦虑程度高低的量表。下面列出的是一些与焦虑有关的陈述，请阅读每一个陈述，然后根据自己此时此刻最恰当的感觉进行选择。其中，“完全没有”选 1，“有些”选 2，“中等程度”选 3，“非常明显”选 4。

【注意事项】

（1）答案没有对或错的回答，不要对任何一项陈述花太多时间考虑，但所给的回答应该是受试者认为当前最恰当的感觉。对于年龄较小的运动员，需要测试人员对个别词语详细解释。

（2）分别计算出特质焦虑与状态焦虑值，主要依据前者得分进行评价。

（3）作为运动员选材指标，只评判特质焦虑得分。

【思考题】

1. 选材中的形态结构指标内容主要包括哪些？

2. 形态测量允许的误差范围包括哪些方面？允许误差多少？

3. 坐高测量的意义是什么？如何进行评价？

4. 指距、指距测量的意义是什么，如何进行评价？
5. 下肢长 A 测量的意义是什么？如何进行评价？
6. 下肢长 B 测量的意义是什么？如何进行评价？
7. 下肢长 C 测量的意义是什么？如何进行评价？
8. 下肢长 H 测量的意义是什么？如何进行评价？
9. 如何测量小腿长？如何进行评价？
10. 如何测量跟腱长？如何进行评价？
11. 如何测量踝围？如何进行评价？
12. 如何测量肩宽？如何进行评价？
13. 如何测量髂宽？如何进行评价？
14. 如何测量髋宽？如何进行评价？
15. 如何测量胸围？如何进行评价？
16. 上臂松紧围差如何测量和进行评价？
17. 足弓蘸迹法如何测量和评价？
18. 如何测量肺活量？如何进行评价？
19. 神经动作和反应速度仪器“指频仪”是如何测量和进行评价？
20. 踝关节屈伸度如何测试？
21. 臂伸直度如何测试和进行评价？
22. 下桥如何测试和进行评价？
23. 坐位体前屈如何测试和进行评价？
24. 综合反应如何测试和进行评价？
25. 方位反应如何测试和进行评价？
26. 眼手反应如何测试和进行评价？
27. 耳脚声反应如何测试和进行评价？
28. 时空判断如何测试和进行评价？
29. 注意力如何测试和进行评价？
30. 据枪持弓稳定型测试仪如何测试和进行评价？
31. 手动作稳定性采用什么方法进行测试和评价？
32. 肘关节本体感觉采用什么方法进行测试和评价？
33. 场依存性采用什么方法进行测试和评价？
34. 神经类型采用什么方法进行测试和评价？
35. CRT 指数采用什么方法进行测试和评价？
36. 人格因素采用什么方法进行测试和评价？
37. 特质焦虑采用什么方法进行测试和评价？

第五章

皮纹观察测试方法与意义

皮纹学即皮肤纹理学，在医学领域较为古老，研究观察人类皮纹与遗传疾病的关系。在体育领域，该学科主要应用于运动员选材，在 20 世纪末逐渐兴盛起来。由于皮纹学特征在婴儿期就已经稳定下来，而且与人的健康水平、智力和运动能力有一定的关系，一些国家根据皮肤纹式的图样特点来进行运动员选材。

皮纹一般指的是人体手指、手掌和足底皮肤表层出现的特殊纹线图型。在胚胎发育过程中，皮肤的真皮乳头受人体内物质变化的生化过程向表层突起，排列成一条条具有一定走向隆起的条纹或脊线，脊线之间的凹陷形成了沟纹，由于脊线的走向和分布不同，构成了各种特殊的纹线图型和个体特性，一经形成，稳定性很强，终身不变。只要不破坏真皮乳头和表皮生发层细胞，其再生能力仍可恢复到原来特征和保留全部细节。目前皮纹在选材中的应用较多集中于指纹和掌纹。下面介绍几个在选材中具有代表性的指纹和掌纹指标。

第一节　指纹

指纹是手指上的纹线图形或脊纹走向，主要有三种，即弓形、箕形和斗形（图 5-1）。

图 5-1 弓形和箕形指纹

东方人的指纹中弓形纹很少，出现概率仅为4.8%。箕形纹较多，包括尺侧箕（正箕）和桡侧箕（反箕），尺侧箕占63.4%。斗形纹占26.2%，分为环形纹、螺形纹、囊形纹、绞形纹、偏形纹、变形纹和各种过渡形状等（图5-2）。

选材中观察总指脊数（脊纹总数），即十个指头上纹线数加起来的总和。

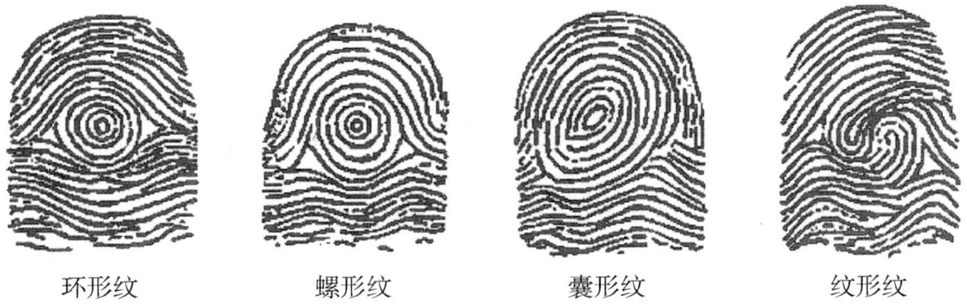

图5-2 四种斗形纹

一、三叉中心

指皮纹脊线汇合处形成三条相交的射线（又称三射线）。形似不规则的三角区，其中心为三叉中心。只有箕形纹和斗形纹才有三叉，弓形纹没有。每个手指上的箕形纹只有一个三叉，而斗形纹有较对称的两个三叉。

二、脊纹线数

除弓形纹外（脊纹线数为0），每个手指从三叉中心到箕形或斗形中心连一直线，计算直线在该两点间穿过的脊纹线数。

三、总指脊数

斗形纹有两个三叉，取较大的一侧计数。然后，十个手指的脊数加在一起就是总指脊数（图5-3）。

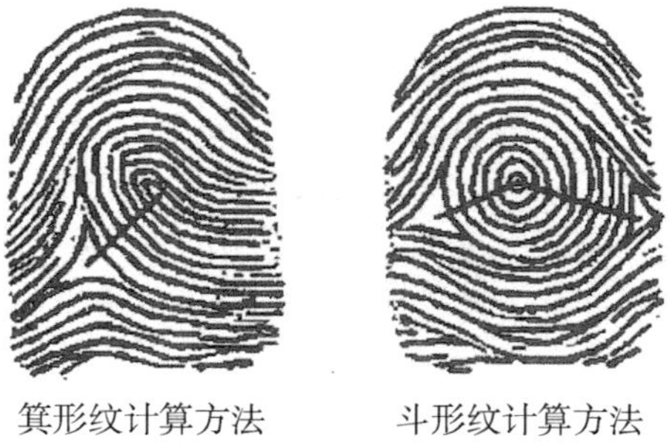

图5-3 总指脊数与计算方法

东方人正常的脊纹总数为177圈。白种人由于弓形纹较多，所以脊纹总数比黄种人少，男的脊纹总数平均为145圈左右，女的脊纹总数平均为127圈左右。苏联体育工作者通过研究柔韧素质与皮纹学特征的关系，发现了如下一些规律：柔韧性优异的人，其左手的第四指和第五指常见到尺侧箕与斗形或弓形兼而有之。在第四指和第五指两个指头上都出现尺侧箕则是柔韧性不好的标记。对柔韧素质发展的预测中，他们发现左右手10个手指的三叉中心总数为12个或12个以下，脊纹总数为131圈或131圈以下，2个或2个以下的斗形的时候，对柔韧性发展优异的预测成功率达75%，而在13个或13个以上三叉中心，脊纹总数为132圈或132圈以上，有3个或3个以上的斗形纹时，对柔韧性发展很差的预测成功率达60%。另外，苏联体育工作者在通过分析婴儿的皮纹学特征，测定其肌肉力量等方面的研究也有了一些成果。

第二节 掌纹

掌纹是指人手掌上的纹线图形或脊纹走向。

一、五个三叉

五个三叉，即a、b、c、d、t点上形成的交叉，除大拇指外，各手指根部（掌根处）均可隐约见到三条不同走向的纹线汇成的一个不规则的三叉，从第二指（食指）至第五指（小拇指）依次为a、b、c、d四个三叉。t三叉位于掌根部，a三叉、d三叉和接近腕部掌根处交点接线形成三叉。t三叉在五个三叉中最大，也最容易观察（图5-4）。

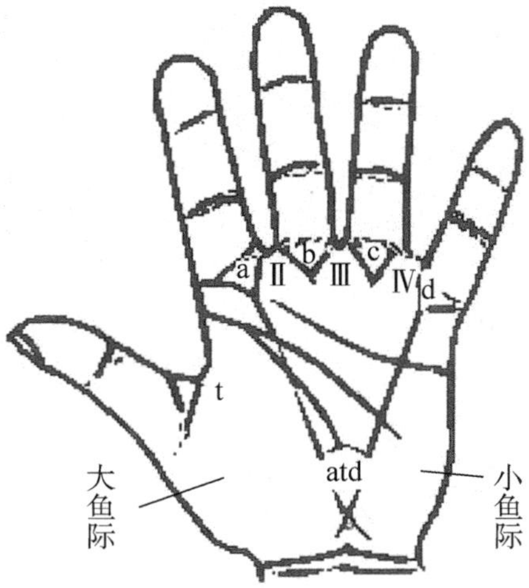

图5-4 掌部五个三叉示意图

一般正常人应该有a、b、c、d四个三叉，个别皮纹有变异的人会有缺失，常见的是c三叉缺失，a三叉、b三叉、d三叉缺失的情况较少。

二、t距

t点至腕横纹（与桡骨茎突平行的横纹线）处的垂直距离称t高。中指根处至腕横纹处的垂直距离称掌高，t高与掌高之比为t距，又称t位，即：

$$t距 = t高 / 掌高 \times 100\%$$

正常t距值是0～14.5%，若大于15%便称为高t位，高t位者往往在某些染色体畸变患者的手上出现。

三、atd角

atd角指第二指基部的a三叉点，第五指基部的d三叉点和接近掌根部的t三叉点连线之间的夹角。此角对遗传疾病、临床诊断和判断人的机敏程度具有重要意义，也是选材中的重要指标。此角大小与人的智力水平关系密切，许多atd角异常的人，其智力也较差，所以atd角又被称为“智力角”。

正常人的atd角为41°，儿童的atd角比较大，约为48°。随着年龄增长，atd角会逐渐减小。在某些先天性遗传疾病患者中，t三叉点的位置常常移向手掌中央，出现高t位。由于t三叉点向中央移动，atd角变大，如各种先天愚型（21—三体综合征、13—三体综合征、Xo综合征等）均为高t位者，t距在40%以上，并伴有atd角明显增大的显著特征，均值可高达56°～64°。因此，atd角在一定程度上有助于判断人的机敏程度。

优秀运动员的atd角均值在39°～41°，男子为37°～39°，女子为39°～40°。经研究，在不同项目中运动员atd角大小所表现的趋势为：临场应变能力要求高、战术意识要求强的项目，运动员atd角比以固定程式进行比赛的项目运动员小；协调性要求高的项目，运动员atd角比以力量素质为主的项目运动员小；全能运动员的atd角比单项运动员的小。我国对优秀运动员进行皮纹研究结果表明，各项目优秀运动员在皮纹上具有共同优势。以我国知名运动员为例，体操明星童非的atd角左、右手分别为30°、34°；娄云为36°、38°；主力二传手沈富麟为31°、32°；国家女排主攻手姜英为35.5°、34°；田径跳高名将朱建华为37°、34°；竞走世界冠军阎红为37°、30°；曾四破亚洲纪录的中长跑运动员侯菊花为35°、34°；我国第一个破游泳世界纪录的杨文意为35°、34°；24届奥运会200米蛙泳第二名的黄晓敏为35°、36°。

第三节　掌部三区

一、大鱼际区

大鱼际皮纹脊线应顺着大鱼际方向平行（正常纹线），出现正式花纹或非正式花纹均属不正常，如大鱼际出现各种箕形或斗形为皮纹变异（有真实花纹和非真实花纹之分）（图 5-5）。

大鱼际正常纹线　　　　小鱼际正常纹线

图 5-5 左手大、小鱼际正常纹线示意图

二、小鱼际区

小鱼际区的皮纹脊线也与大鱼际一样基本呈平行状（正常纹线）。小鱼际皮纹变异时，也会出现各种箕形或斗形及复合型的变异纹。

三、指间区

每只手的五个手指间共有四个指间区，从外到内分别为Ⅰ、Ⅱ、Ⅲ、Ⅳ指间区。各指间区一般不应该有花纹，但也有人出现箕形花纹。

大鱼际区和小鱼际区出现的花纹原是医学界用于判断呼吸系统存在的遗传性疾病的，在选材上同样观察优秀运动员人群大鱼际真实花纹明显少，说明呼吸系统功能好，以及屈纹线短的较少，双手通贯极少。皮纹学特征被称为“显露在外的遗传因子”，皮纹学用于运动员选材中仅仅是最初的尝试，局限性还很大，但可以肯定，随着皮纹学研究的不断深入，结合所有选材手段，将会是运动员选材中增加一个重要的参考指标。

【思考题】

1. 何谓皮纹？
2. 何谓指纹和掌纹？
3. 什么叫“三叉中心”“脊纹线数”“总指脊数”？
4. 什么叫“t 距”与“atd 角”？

第六章

骨龄的测试与应用

第一节　骨龄的实际意义与标准制定

骨龄是骨骼在生长发育过程中各骨骨化中心出现与骨愈合的年龄，是研究人骨骨化开始与结束的整个过程。

通过骨龄，可以评定青少年身体发育状况、预测青少年未来身高，也是目前最可靠的选材指标。利用骨龄来判断运动员的成熟状况和发育年龄，也体现了竞技体育的公平性。

美国采用“G-P 图谱法”（以 20 世纪 30 年代美国上层社会儿童为样本）、英国采用“TW1 计分法”（以英国 20 世纪 50 年代一般社会经济水平儿童为样本）、中国采用骨龄百分计数法（以中国 20 世纪 60 年代北京地区的儿童为样本）测骨龄。由于骨发育受遗传和环境因素的影响，不同人群或同一人群不同年代，在某一年龄段随着年龄的增长骨发育成熟的速度都不尽相同，因此必须要有一个适应于我国儿童骨发育状况的标准。

最新《中国青少年儿童手腕骨成熟度及评价方法（TY/T 3001—2006）》（又称《中华 05 手腕骨发育评价标准》，以下称《标准》）由国家体育总局批准，河北省体育科学研究所研制，并于 2006 年 7 月 1 日在全国范围内率先实施。《标准》成为体育行业运动员科学选材的标准，以此取代旧的 TY/T 001—1992 实施标准。《标准》规定了中国青少年儿童手腕骨成熟度标准与评价方法，并提出适用于中国城市汉族青少年儿童，中国乡村及其他民族的青少年儿童亦应参照使用。

《标准》中将全国样本中每一骨的得分总和与所有骨的得分总和之比作为此骨的权重，将依此所得的各骨权重代入计算程序后求出各骨发育的等级得分。《标准》中对所选骨增加了评判等级，在每个年龄组发育成熟度得分基础上由小至大排序，绘制出除了腕骨外其余 13 块手骨和桡骨、尺骨的百分位数评价图，得出手部骨发育成熟度得分与骨龄对照表。

G-P 图谱法误差为 ±0.82 岁和 ±0.85 岁，TW1 记分法误差为 ±0.61 岁和 ±0.63 岁，而采用《标准》中的方法误差在 ±0.51 岁和 0.52 岁内准确率最高，可信度也最强，符合我国青少年儿童手腕骨的发育标准。

第二节　骨龄片的拍摄、读片与评价方法

一、骨龄片拍摄

采用 30mA、60kV X 线拍摄被测试者左手手片。要求测试者手伸直，左手掌面向下与暗盒紧贴，包括桡尺骨远侧端骨干 2 ～ 3 厘米。中指与前臂纵轴成直线。五指稍分开，拇指和食指约成 30°。X 线机球管中心距离胶片中心的垂直距离为 80 ～ 90 厘米。球管中心线正对第三掌骨头。感光时间为 0.2 ～ 0.4 秒。

二、骨龄片读片

1. 读片位置与读骨顺序

读片时，手腕骨位置应为手指朝上，拇指朝右。读骨顺序应严格按照《标准》13 块手部骨（除去腕骨外）的顺序进行，以免出错：桡骨骺 → 尺骨骺 → 第一掌骨骺 → 第三、第五掌骨骺 → 第一指近节指骨骺 → 第三、第五指近节指骨骺 → 第三、第五指中指骨骺 → 第一指远节指骨骺 → 第三、第五指远节指骨骺（图 6-1）。

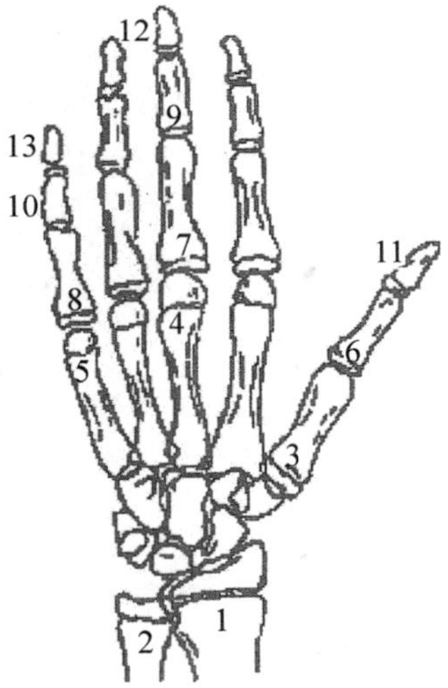

图 6–1　读骨位置和顺序

2. 读片重复性检验方法

在学习读片期间，尽量随机化顺序读片，儿童年龄范围广，还应包括欲应用的年龄段。为了提高读片的准确性，重复读片的时间间隔至少为 15 天。然后比较两次读片结果，以所有手腕骨发育等级的重复读数相同的例数占总读数例数的百分数作为读片重复性的指标，重复读数不同的，应仅出现在相邻的骨发育等级上。通过重复读片，找出重复性较差的等级，再次学习手腕骨发育等级的理论要求，并与有读片经验者交流讨论，以提高读片的重复性。使用者应当定期进行评价者本人和不同评价者之间的读片可靠性检验，控制骨龄评价的质量。

3. 骨龄读数可靠性

用骨龄读数 95% 的置信区间来估价使用者骨龄评价的可靠性，计算公式如下：

$$\theta = \pm t_{0.05} \times \sqrt{\Sigma d^2 / 2n}$$

式中，θ 为骨龄读数 95% 的置信区间，$t_{0.05}$ 为置信水平为 0.05 时的 t 值，d 为同一 X 线片骨龄重复读数的差值，n 为重复阅读 X 线片的数量。

三、评价方法

1. 骨发育等级

手腕骨中不是所有骨都设有等级，其中 8 块腕骨被剔除，不需要检查。该标准在确定等级骨当中，增加了尺骨骺。所有要阅读的骨在原有基础上分别增加了骨的等级，评判标准更加细化：桡骨骺为 14 个等级，尺骨骺为 12 个等级，第一掌骨骺为 11 个等级，第三、第五掌骨骺为 10 个等级，第一指近节指骨骺为 12 个等级，第三、第五指近节指骨为 12 个等级；第三、第五指中节指骨骺为 12 个等级；第一指远节指骨骺为 11 个等级，第三、第五指远节指骨骺为 11 个等级。总计 13 块骨设有等级和相应的等级分。在读片时，进行严格仔细地对照并记录下来，有利于按等级分查表。

2. 评价方法

仔细观察骨龄片各骨的形态特征，根据读骨顺序和手腕各骨发育等级记录相应的发育等级得分。当某个骨龄值与表中值不相同时，读取表中与之最相近的低分值所对应的某块骨的骨龄值。将各骨得分相加，计算出个体儿童发育成熟度得分。根据个体儿童的生活年龄和手腕骨发育成熟度得分在百分位数曲线上读出骨龄值，来评价该儿童的发育状况在其年龄组中所处的位置。男女儿童性别和使用的评价方法对照相应的《手腕骨成熟度百分位数法评价图》作为骨龄值的最终结果。

要求选取 50 例以上个体儿童的 X 线片，这些儿童的年龄范围应与欲评价的儿童年龄段相一致。

第三节　骨龄片的应用

一、桡骨（14 个等级）

等级 1：骨化中心仅可见一个钙化点，极少为多个，边缘不清晰（图 6-2）。

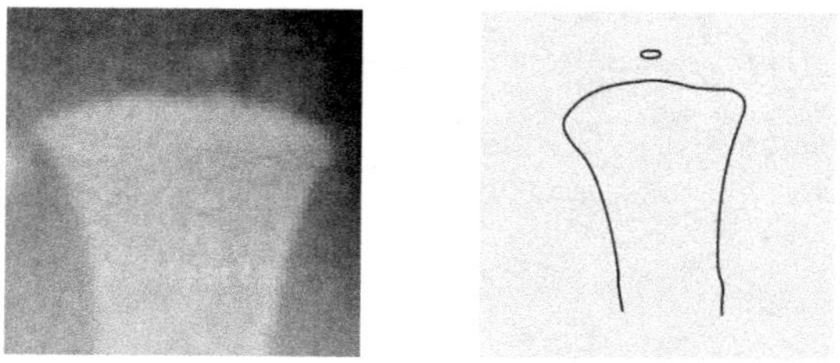

图 6-2 桡骨——等级 1

等级 2：骨化中心清晰可见，为圆盘形，有平滑连续的缘（图 6-3）。

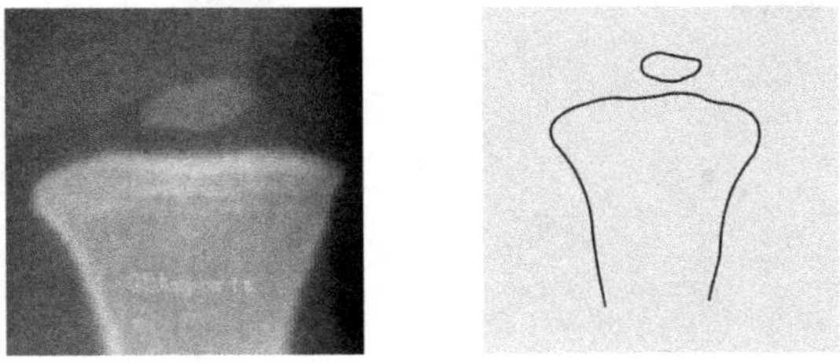

图 6–3 桡骨——等级 2

等级 3：骨骺最大直径为骨干宽的一半或一半以上。骨骺外侧端增大，这一部分较厚、圆滑；内侧端为锥形。骨骺近侧面的 1/3 变平，稍致密，骨骺和骨干之间的间隙变窄，约 1 毫米（图 6-4）。

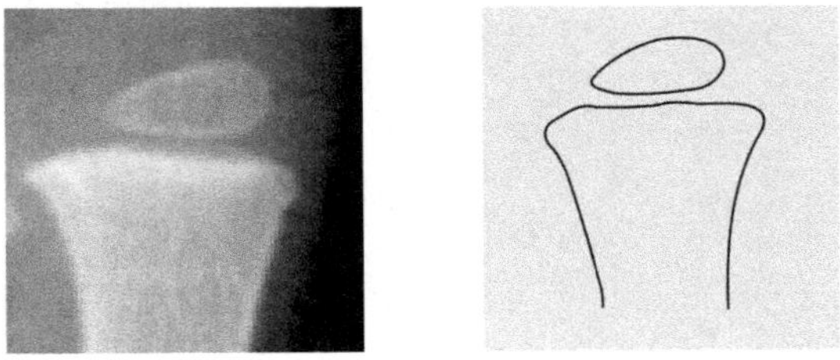

图 6–4 桡骨——等级 3

等级 4：骨骺远侧缘内出现致密白线，为掌侧缘，在其远侧为背侧缘（图 6-5）。

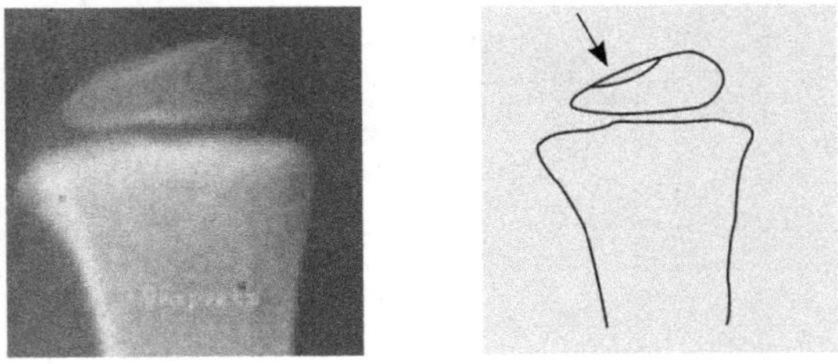

图 6–5 桡骨——等级 4

等级 5：骨骺近侧缘可区分为掌侧面和背侧面，掌侧面为该缘上不规则的致密白。骨骺内侧端向内侧和近侧生长，大部分近侧缘的形状和骨干相一致（图 6-6）。

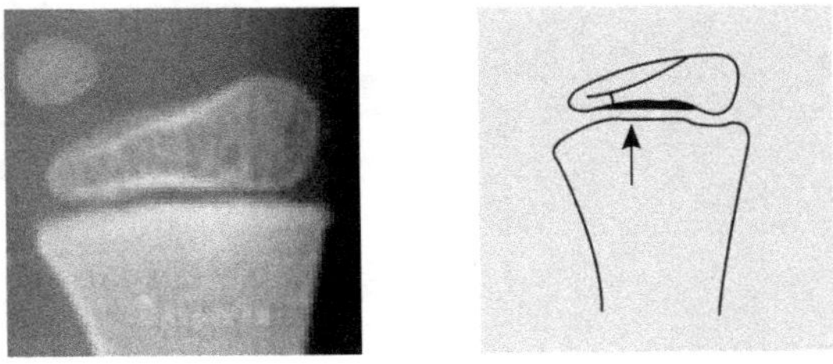

图 6–6 桡骨——等级 5

等级 6：骨骺内侧端与骨干等宽（图 6-7）。

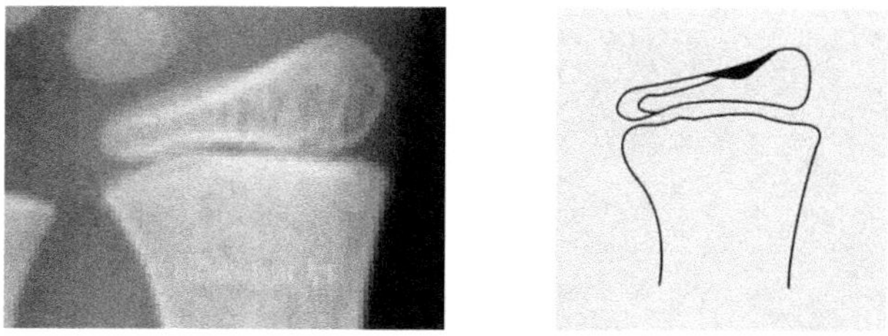

图 6-7 桡骨——等级 6

等级 7：骨骺背侧面出现月骨和舟骨关节面，以一个小驼峰相连接。骨骺内侧缘出现与尺骨骺相关节的掌侧面和背侧面，此两面向内侧突出。骨骺近侧缘稍凹（图 6-8）。

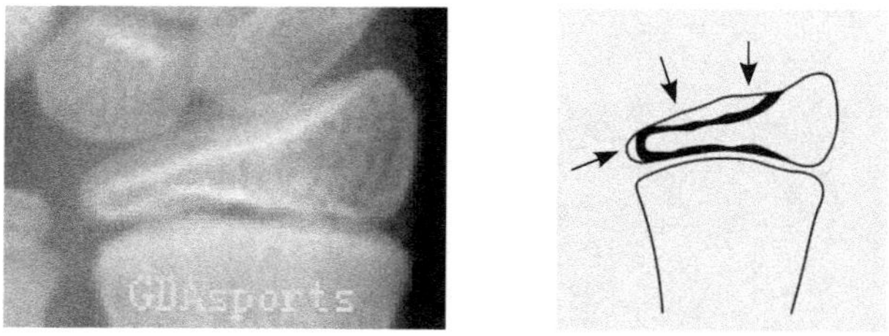

图 6-8 桡骨——等级 7

等级 8：骨骺在一侧（通常在内侧）覆盖骨干（图 6-9）。

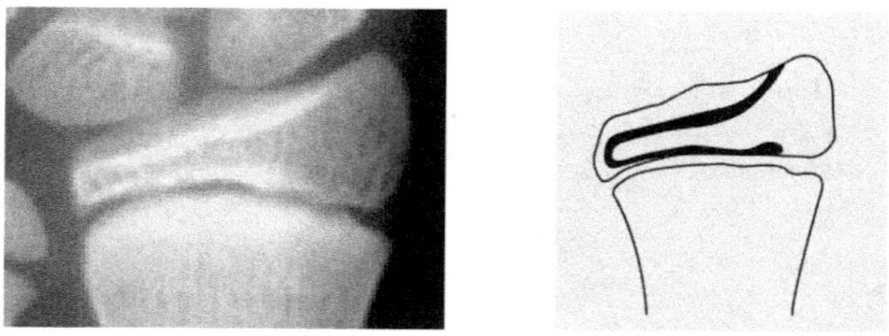

图 6-9 桡骨——等级 8

等级 9：骨骺在两侧覆盖骨干（图 6-10）。

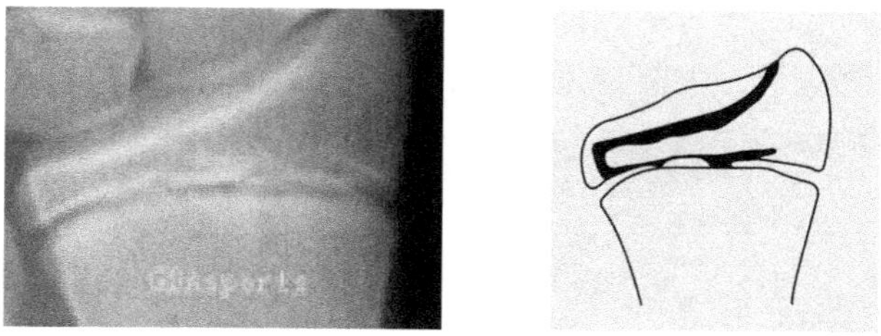

图 6-10 桡骨——等级 9

等级 10：骨骺和骨干开始融合（图 6-11）。

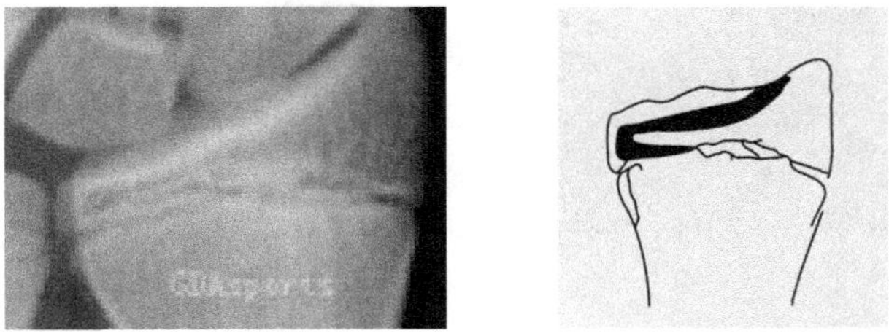

图 6-11 桡骨——等级 10

等级 11：骨骺和骨干融合 1/4（图 6-12）。

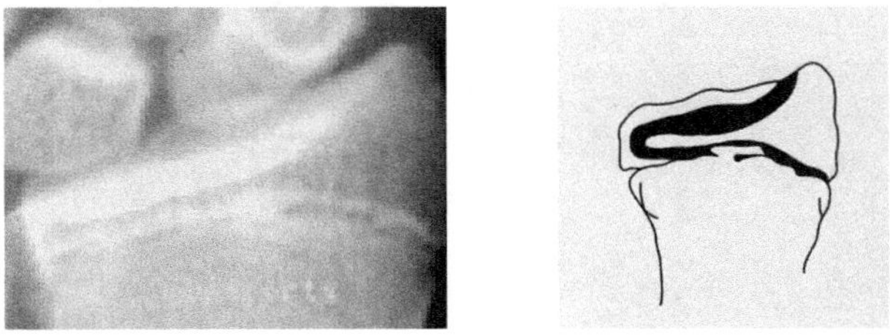

图 6-12 桡骨——等级 11

等级 12：骨骺和骨干融合 1/2（图 6-13）。

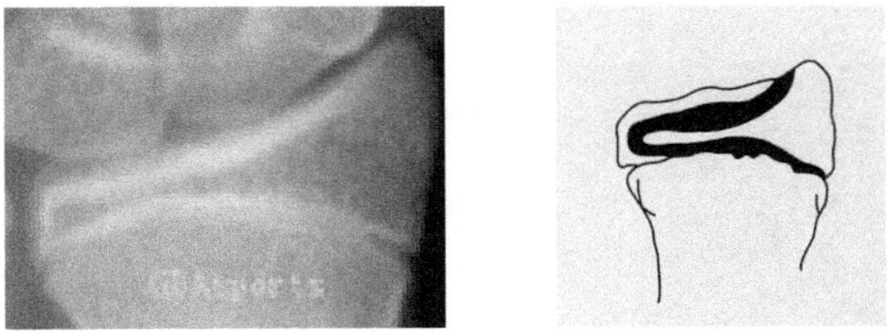

图 6-13 桡骨——等级 12

等级 13：骨骺和骨干融合 3/4（图 6-14）。

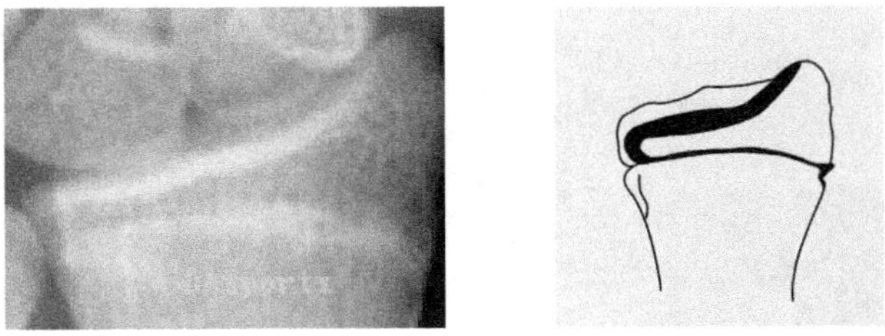

图 6-14 桡骨——等级 13

等级 14：骨骺和骨干完全融合，大部分融合线消失，但仍可见部分残余的致密线（图 6-15）。

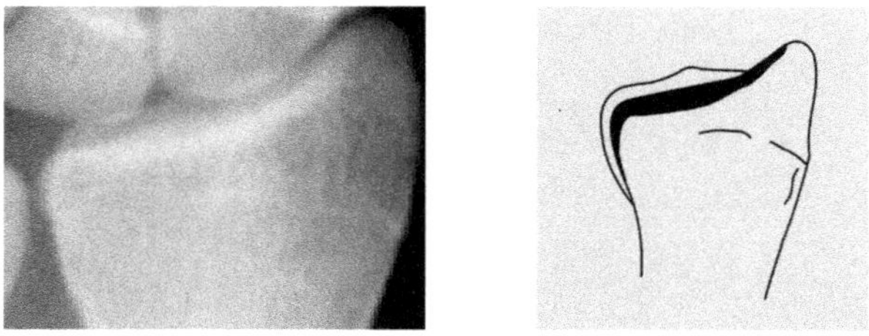

图 6–15 桡骨——等级 14

二、尺骨（12 个等级）

等级 1：骨化中心可见一个钙化点，极少为多个，边缘不清晰（图 6-16）。

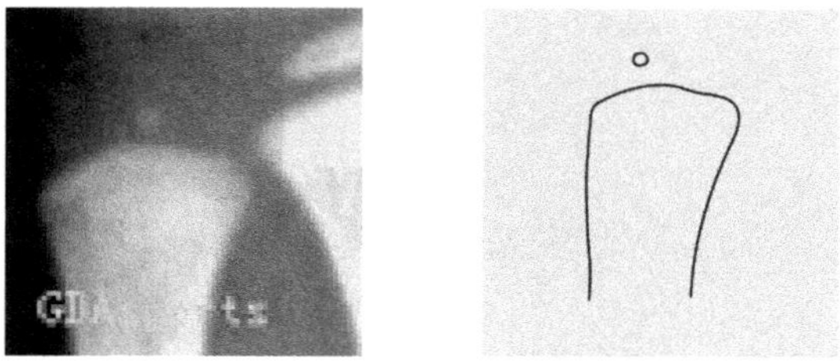

图 6–16 尺骨——等级 1

等级 2：骨化中心清晰可见，有平滑连续的缘（图 6-17）。

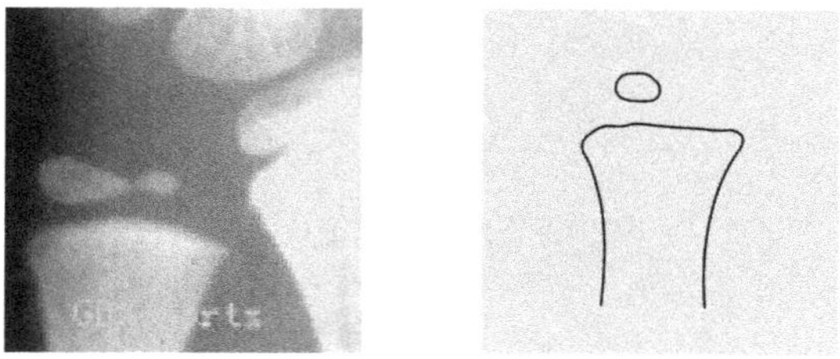

图 6–17 尺骨——等级 2

等级 3：骨骺最大直径为骨干宽的一半或一半以上。骨骺横向的内、外侧直径比纵向的远、近侧直径大得多。骨骺近、远侧缘变平，但不一定平行。骨骺通常为楔形，尖端指向外侧（图 6-18）。

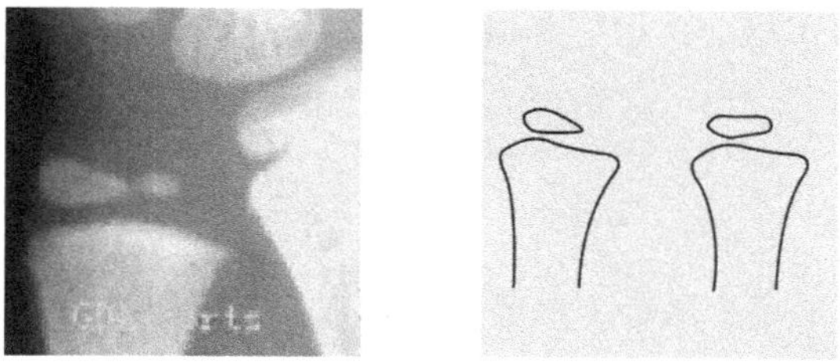

图 6–18 尺骨——等级 3

等级 4：骨骺茎突可见为小而清晰的凸起（图 6-19）。

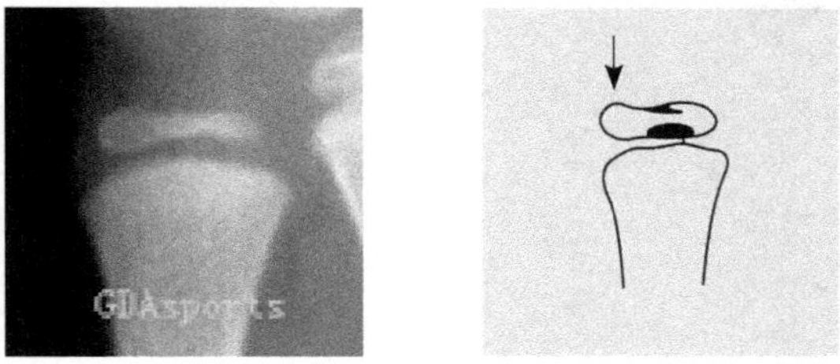

图 6–19 尺骨——等级 4

等级 5：骨骺尺骨头清晰可辨，密度大于茎突（内侧关节面通常为致密的白线，而将尺骨头和茎突区分开来；尺骨头和茎突相接处的近侧或远侧缘通常出现凹陷）。骨骺与桡骨骺相邻的缘变平（图 6-20）。

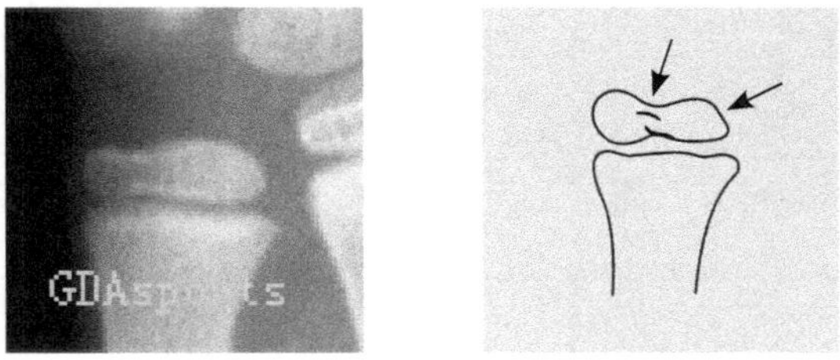

图 6–20 尺骨——等级 5

等级 6：骨骺近侧缘在一侧与骨干等宽（图 6-21）。

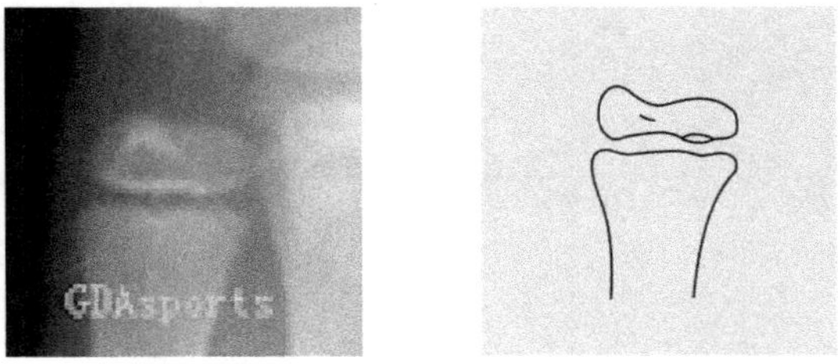

图 6–21 尺骨——等级 6

等级 7：骨骺近侧缘在两侧与骨干等宽。骨骺近侧缘和骨干远侧缘在中间 1/3 处重叠。（图 6-22）。

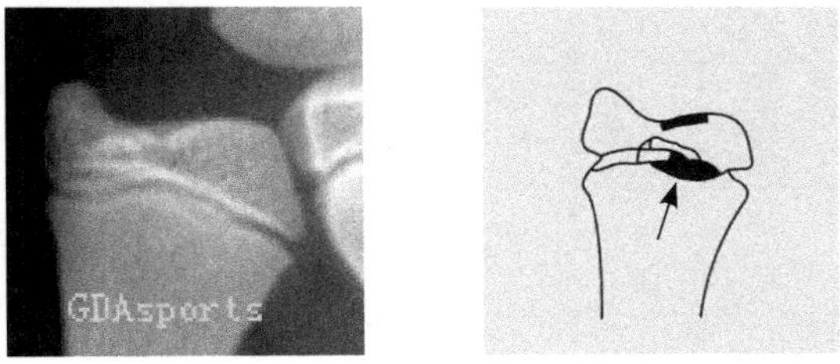

图 6–22 尺骨——等级 7

等级 8：骨骺和骨干开始融合（图 6-23）。

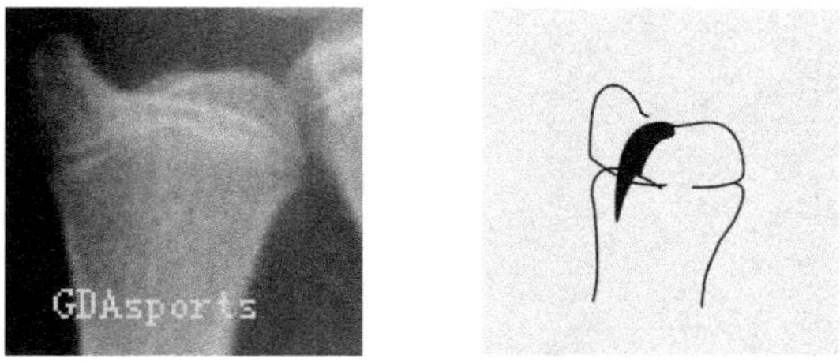

图 6-23 尺骨——等级 8

等级 9：骨骺和骨干融合 1/4（图 6-24）。

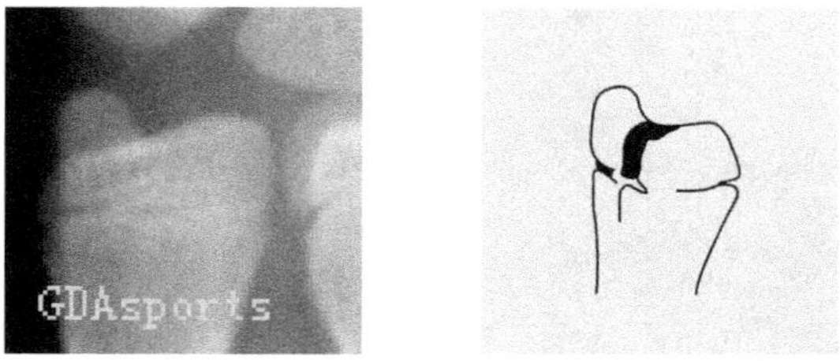

图 6-24 尺骨——等级 9

等级 10：骨骺和骨干融合 1/2（图 6-25）。

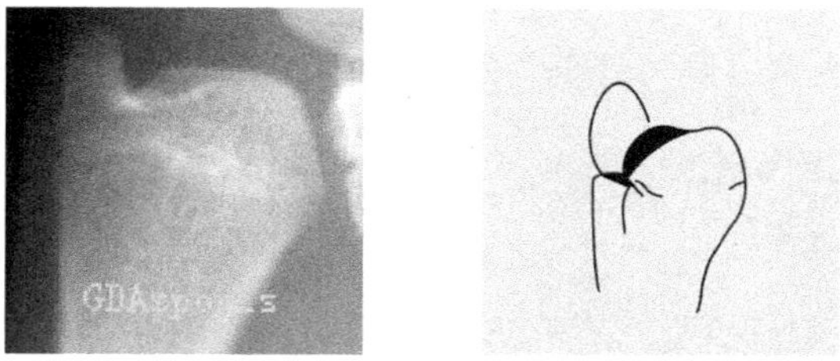

图 6-25 尺骨——等级 10

等级 11：骨骺和骨干融合 3/4（图 6-26）。

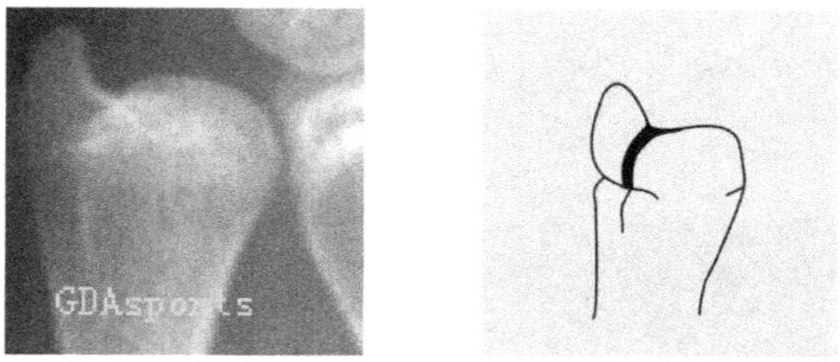

图 6-26 尺骨——等级 11

等级 12：骨骺和骨干完全融合，大部分融合线消失，但仍可见部分残余的致密线。（图 6-27）。

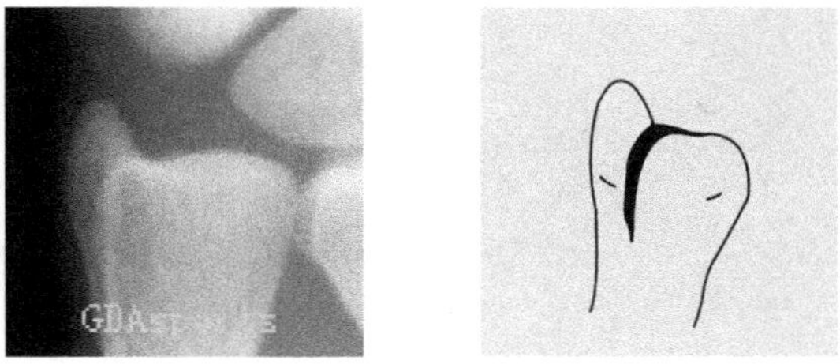

图 6-27　尺骨——等级 12

三、第一掌骨（11 个等级）

等级 1：骨化中心仅可见一个钙化点，极少为多个，边缘不清晰（图 6-28）。

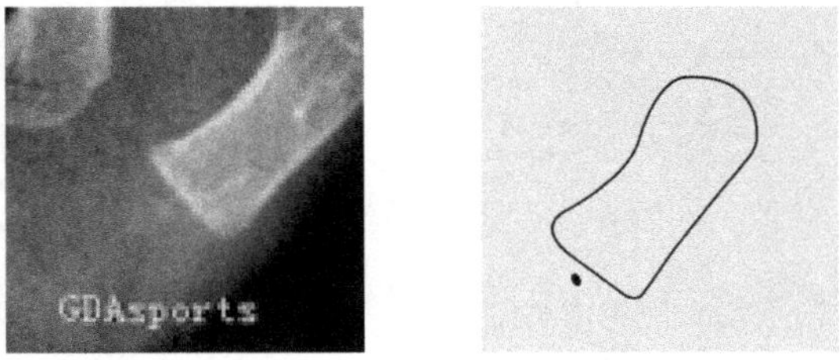

图 6-28　第一掌骨——等级 1

等级 2：骨化中心清晰可见，形状为椭圆形，有平滑连续的缘（图 6-29）。

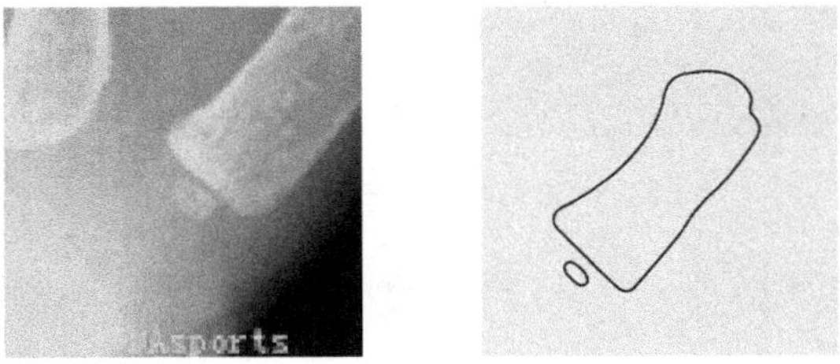

图 6-29　第一掌骨——等级 2

等级 3：骨骺最大直径为骨干宽的一半或一半以上（图 6-30）。

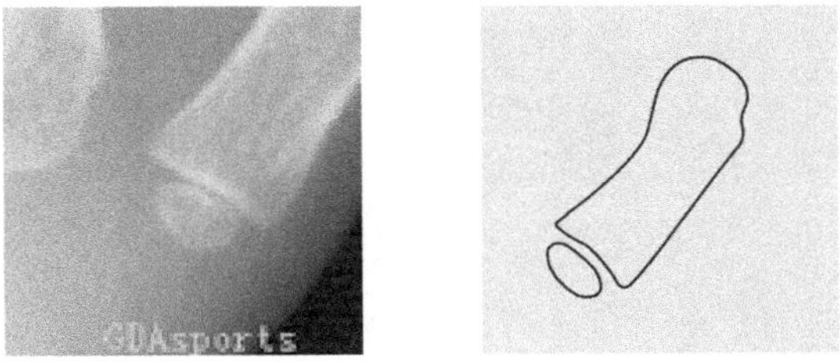

图 6-30　第一掌骨——等级 3

等级 4：骨骺与骨干等宽。骨骺近侧缘凹（开始出现掌侧面和背侧面）（图 6-31）。

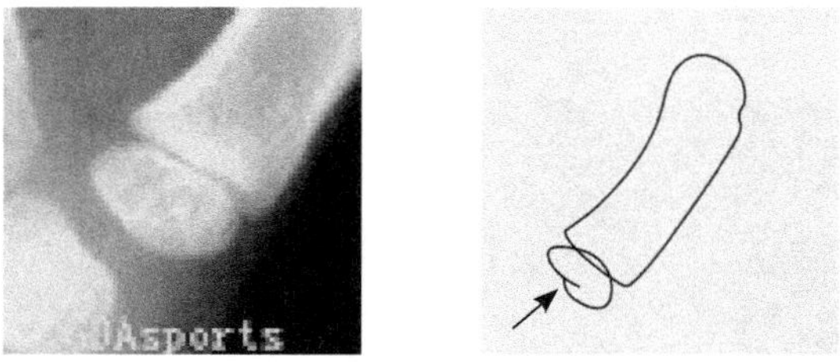

图 6-31 第一掌骨——等级 4

等级 5：骨骺近侧面可区分为掌侧面和背侧面，并可见背侧面的全部长度；其鞍状关节面与大多角骨的相邻缘一致（图 6-32）。

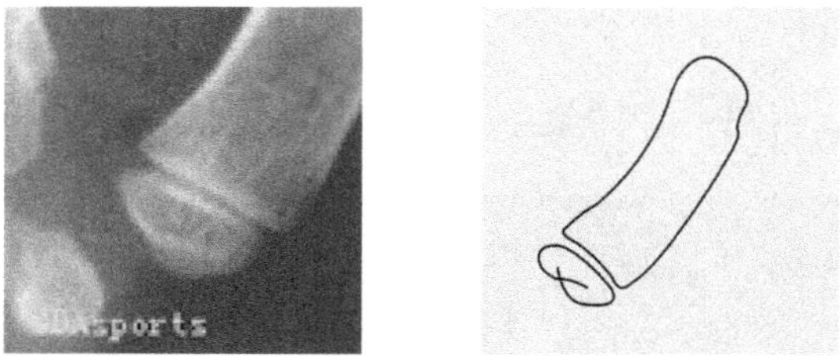

图 6-32 第一掌骨——等级 5

等级 6：骨骺内侧缘变平（图 6-33）。

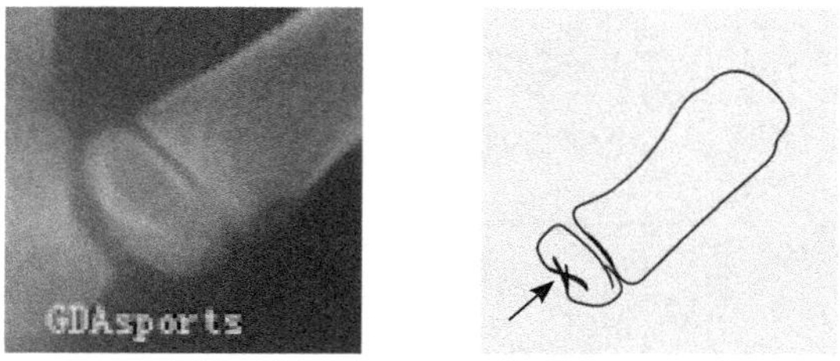

图 6-33 第一掌骨——等级 6

等级 7：骨骺在一侧覆盖骨干（由于拇指的转动，内侧的覆盖通常比外侧更清晰）（图 6-34）。

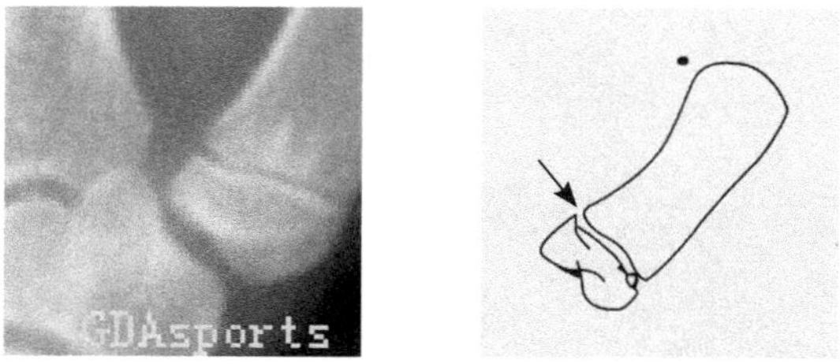

图 6-34 第一掌骨——等级 7

等级 8：骨骺在两侧覆盖骨干（图 6-35）。

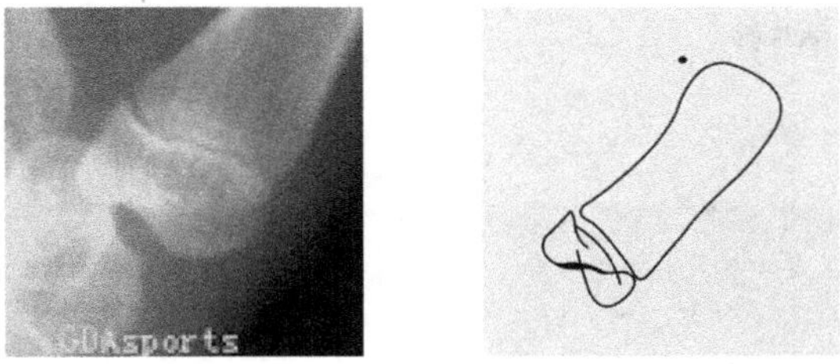

图 6–35 第一掌骨——等级 8

等级 9：骨骺和骨干开始融合（图 6-36）。

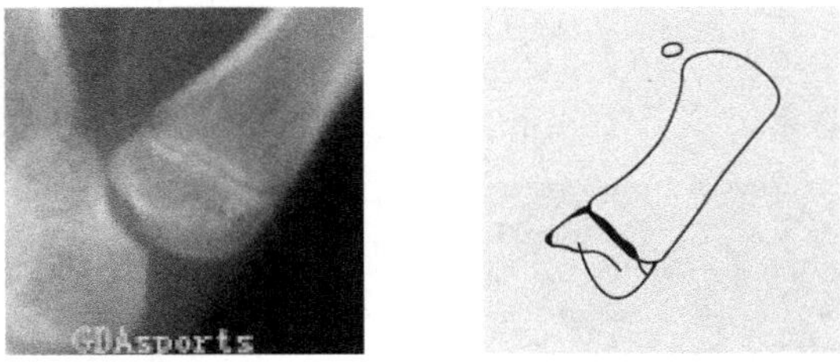

图 6–36 第一掌骨——等级 9

等级 10：骨骺与骨干融合过半（图 6-37）。

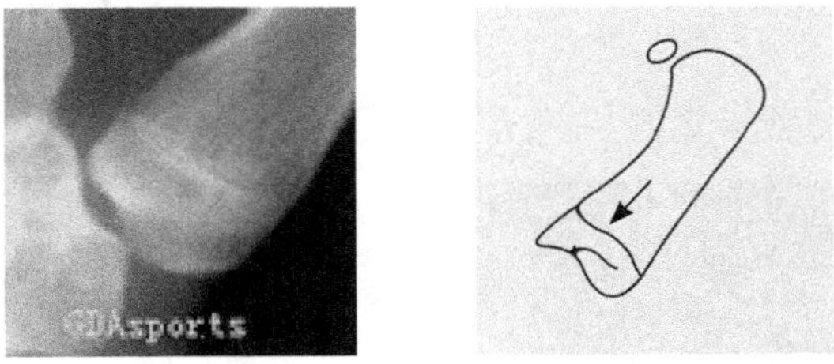

图 6–37 第一掌骨——等级 10

等级 11：骨骺和骨干完全融合（大部分融合线消失，但仍可见部分残余的致密线）（图 6-38）。

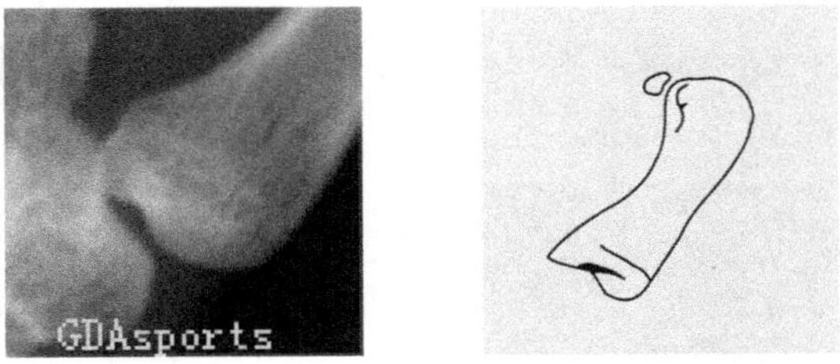

图 6–38 第一掌骨——等级 11

四、第三、第五掌骨（10 个等级）

等级 1：骨化中心仅可见一个钙化点，极少为多个，边缘不清晰（图 6-39）。

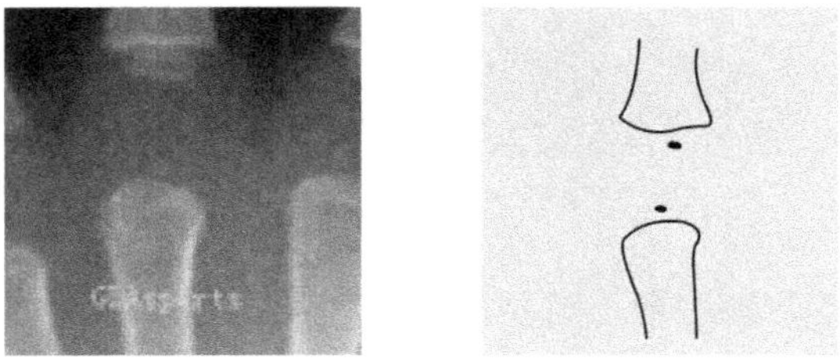

图 6-39 第三、第五掌骨——等级 1

等级 2：骨化中心清晰可见，为圆形，有平滑连续的缘（图 6-40）。

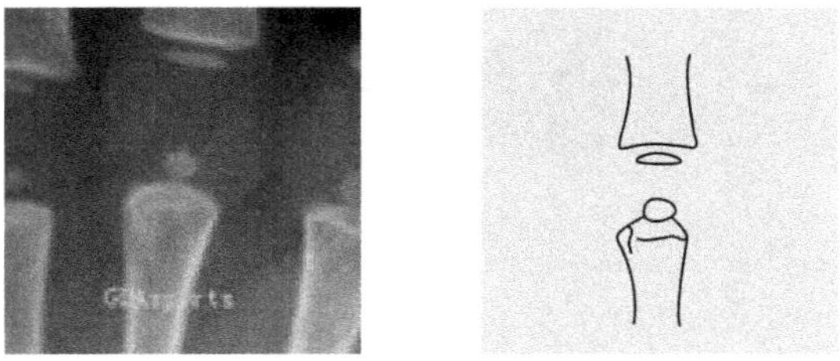

图 6-40 第三、第五掌骨——等级 2

等级 3：骨骺横径为骨干宽的一半或一半以上（图 6-41）。

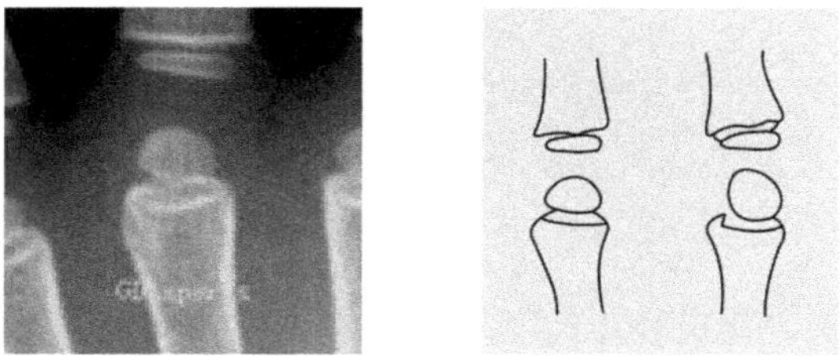

图 6-41 第三、第五掌骨——等级 3

等级 4：骨骺外、内飞近侧缘清晰可见，在相互连接处成角；骨骺由椭圆形或半圆形变为铲形或手指甲形（图 6-42）。

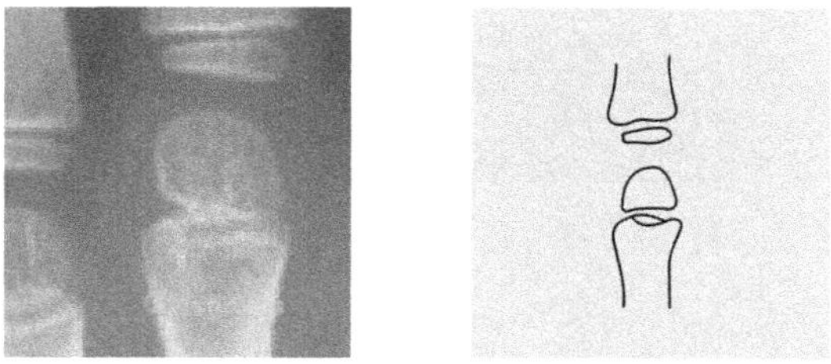

图 6-42 第三、第五掌骨——等级 4

等级 5：骨骺外侧端与骨干等宽（图 6-43）。

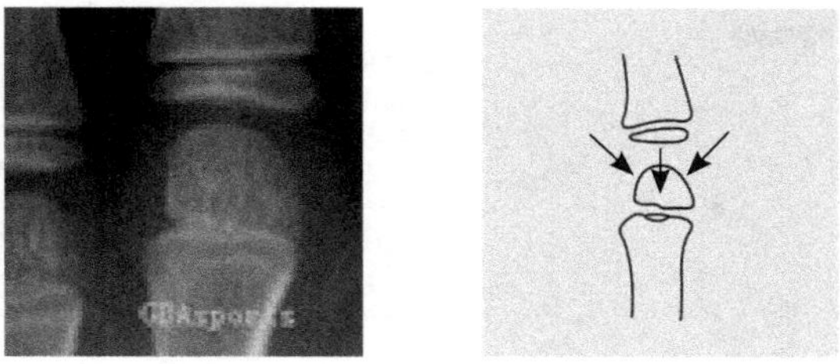

图 6–43 第三、第五掌骨——等级 5

等级 6：骨骺可区分掌侧面和背侧面，掌侧缘可见为纵向的致密白线（图 6-44）。

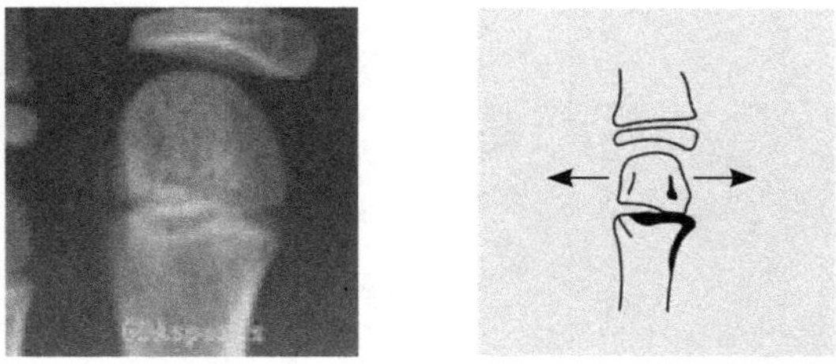

图 6–44 第三、第五掌骨——等级 6

等级 7：骨骺等于或宽于骨干（图 6-45）。

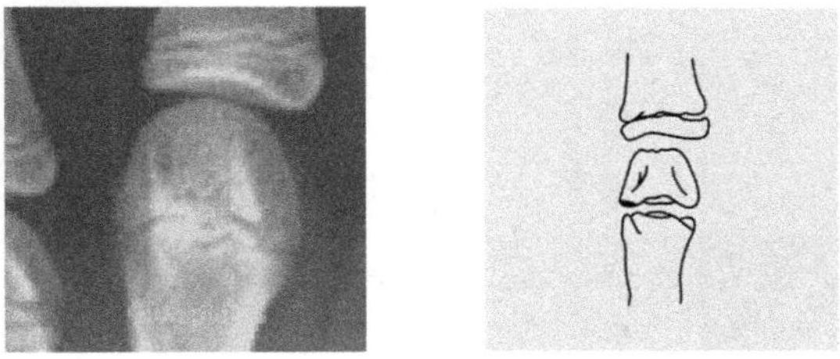

图 6–45 第三、第五掌骨——等级 7

等级 8：骨骺和骨干开始融合（生长板软骨的暗带不足骨宽度的 3/4）（图 6-46）。

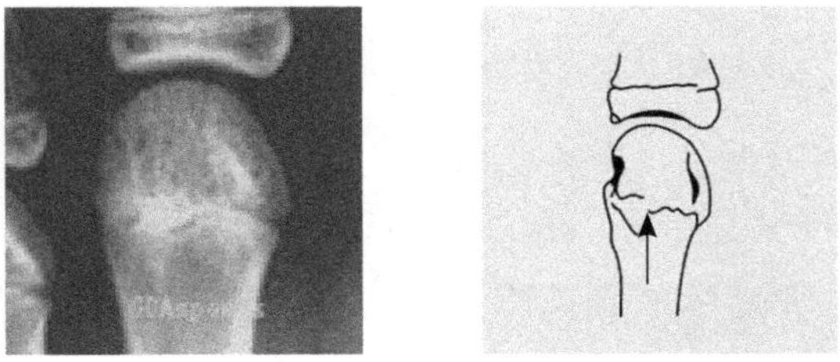

图 6–46 第三、第五掌骨——等级 8

等级 9：骨骺和骨干融合过半（图 6-47）。

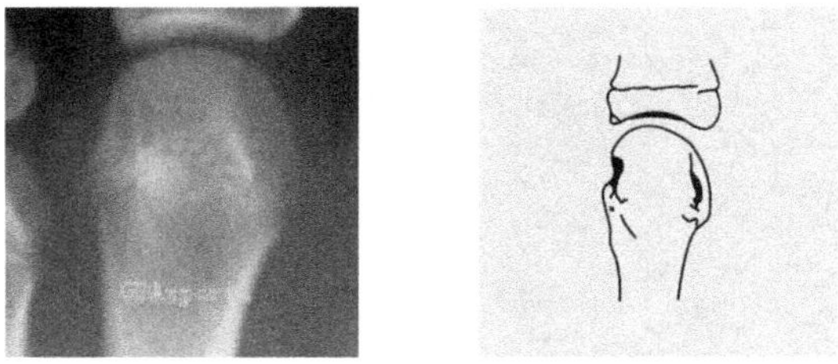

图 6-47 第三、第五掌骨——等级 9

等级 10：骨骺和骨干完全融合（大部分融合线消失，但仍可见部分残余的致密线）（图 6-48）。

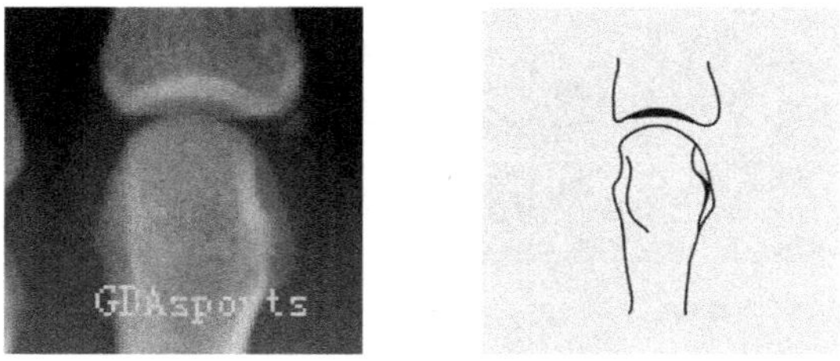

图 6-48 第三、第五掌骨——等级 10

五、第一指近节指骨（12 个等级）

等级 1：骨化中心仅可见一个钙化点，极少为多个，边缘不清晰（图 6-49）。

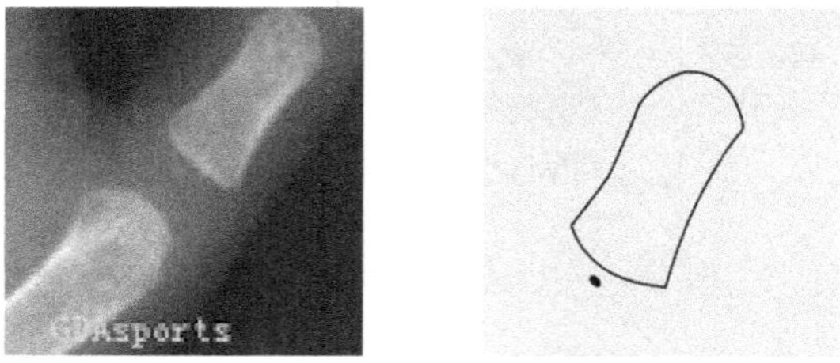

图 6-49 第一指近节指骨——等级 1

等级 2：骨化中心清晰可见，为圆盘形，有平滑连续的缘（可能出现多个骨化中心，即使其直径之和超过骨干宽的一半，也为该等级）（图 6-50）。

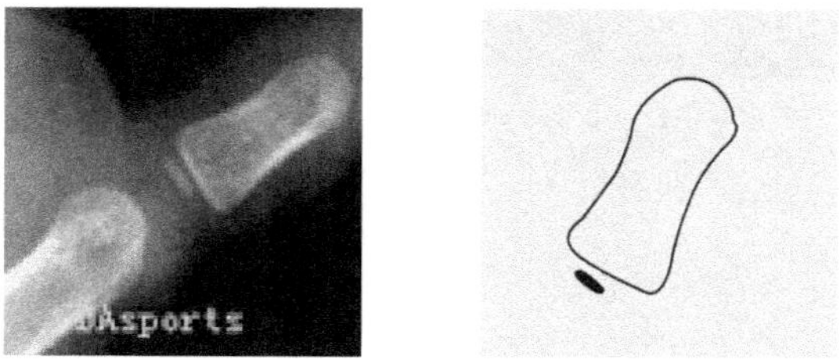

图 6-50 第一指近节指骨——等级 2

等级 3：骨骺最大直径为骨干宽的一半或一半以上（图 6-51）。

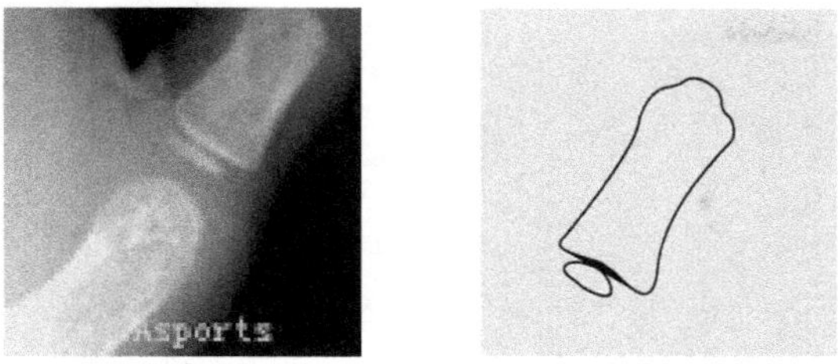

图 6-51　第一指近节指骨——等级 3

等级 4：骨骺近侧缘凹，通常致密。骨骺内侧端宽于外侧端，成楔形（图 6-52）。

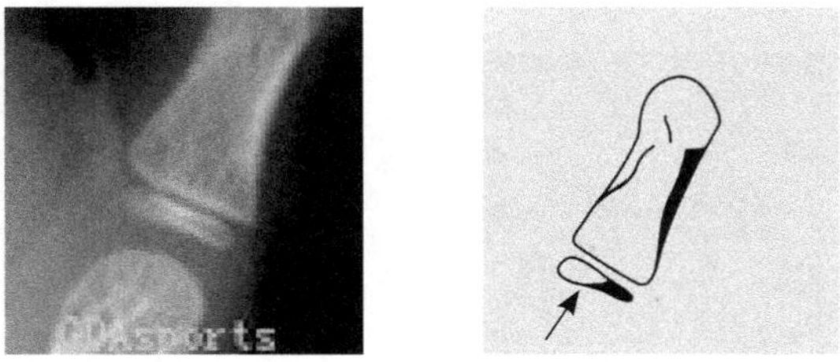

图 6-52　第一指近节指骨——等级 4

等级 5：骨骺外侧端与骨干等宽（图 6-53）。

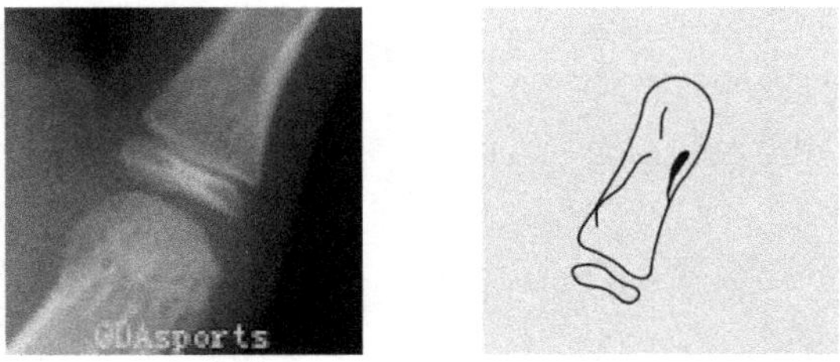

图 6-53　第一指近节指骨——等级 5

等级 6：骨骺宽于骨干（通常在内侧）（图 6-54）。

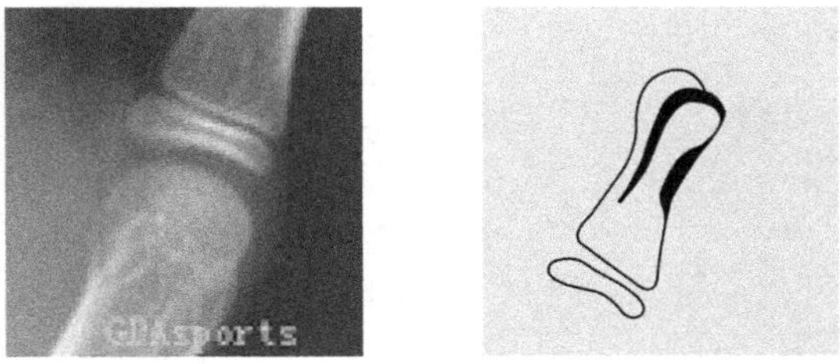

图 6-54　第一指近节指骨——等级 6

等级 7：骨骺内侧端呈方形（与骨干的形状密切相符）（图 6-55）。

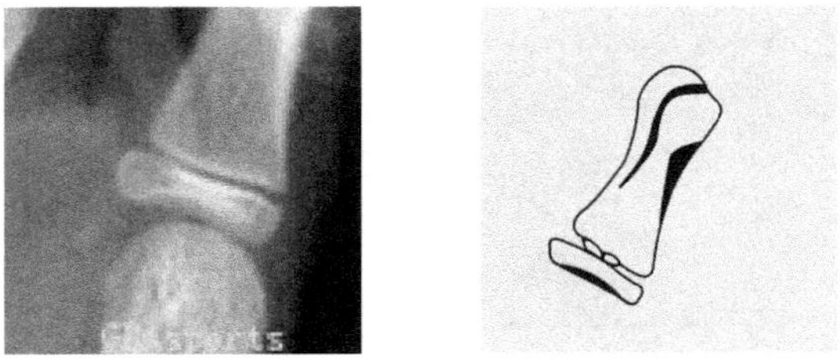

图 6–55 第一指近节指骨——等级 7

等级 8：骨骺在一侧覆盖骨干（内侧端比外侧端更清晰）（图 6-56）。

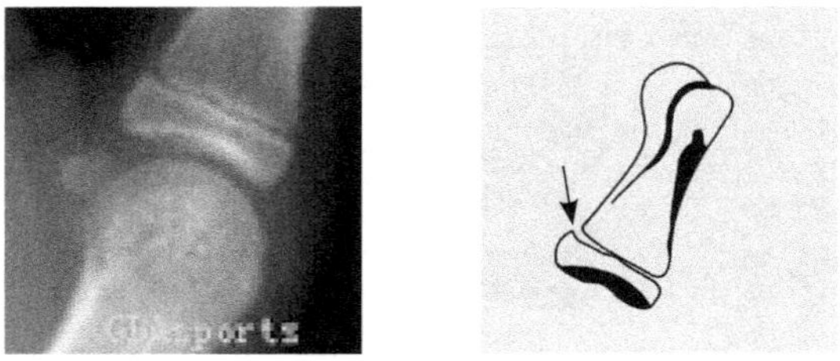

图 6–56 第一指近节指骨——等级 8

等级 9：骨骺在两侧覆盖骨干（图 6-57）。

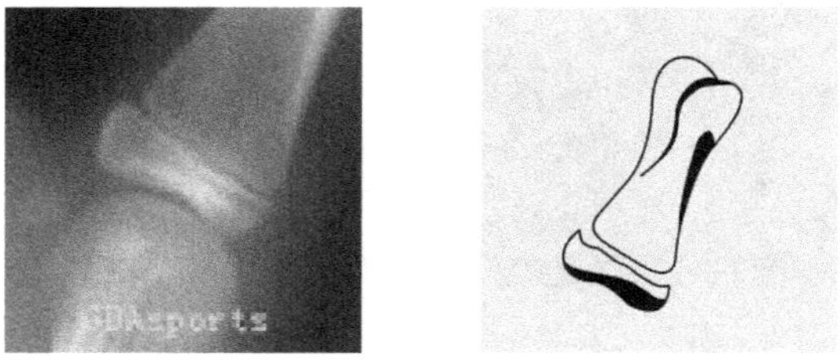

图 6–57 第一指近节指骨——等级 9

等级 10：骨骺和骨干开始融合（图 6-58）。

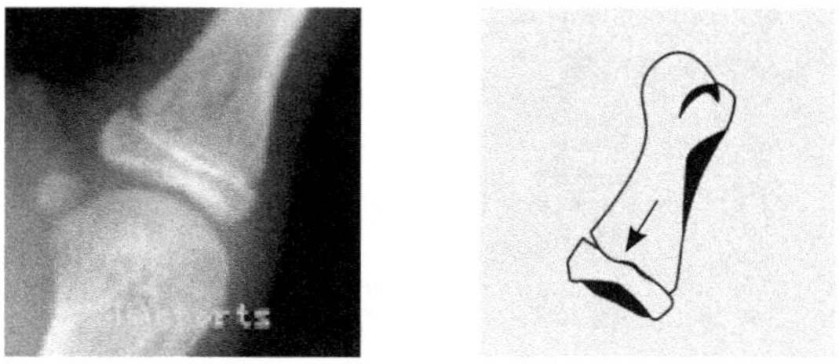

图 6–58 第一指近节指骨——等级 10

等级 11：骨骺与骨干融合过半（图 6-59）。

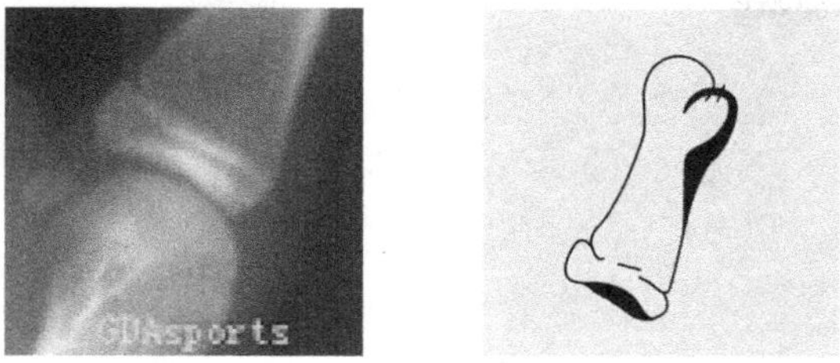

图 6-59　第一指近节指骨——等级 11

等级 12：骨骺和骨干完全融合（大部分融合线消失，但仍可见部分残余的致密线）（图 6-60）。

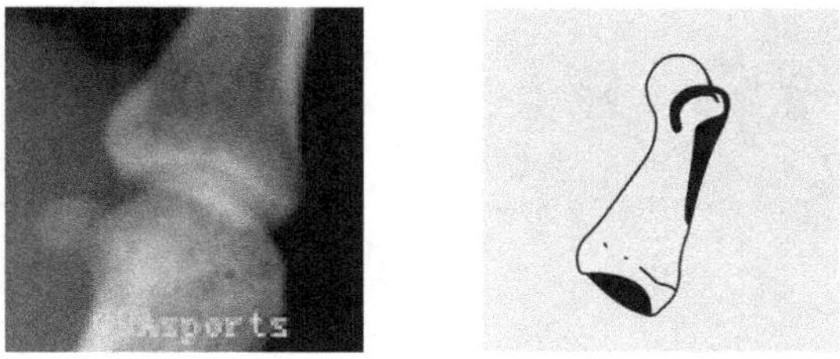

图 6-60　第一指近节指骨——等级 12

六、第三、第五指近节指骨（12 个等级）

等级 1：骨化中心仅可见一个钙化点，极少为多个，边缘不清晰（图 6-61）。

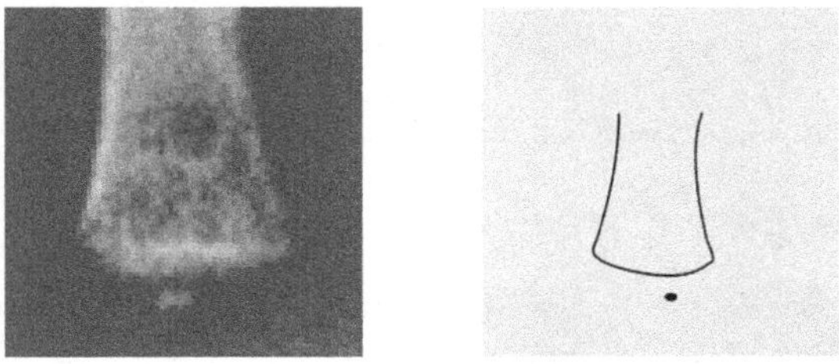

图 6-61　第三、第五指近节指骨——等级 1

等级 2：骨化中心清晰可见，为圆盘形，有平滑连续的缘（图 6-62）。

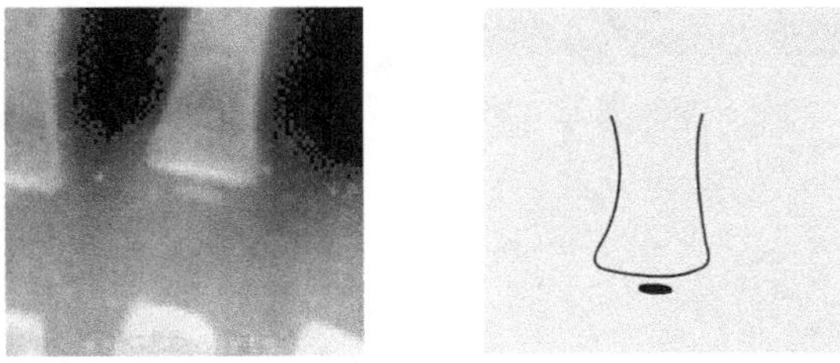

图 6-62　第三、第五指近节指骨——等级 2

等级 3：骨骺最大直径为骨干的一半或一半以上（图 6-63）。

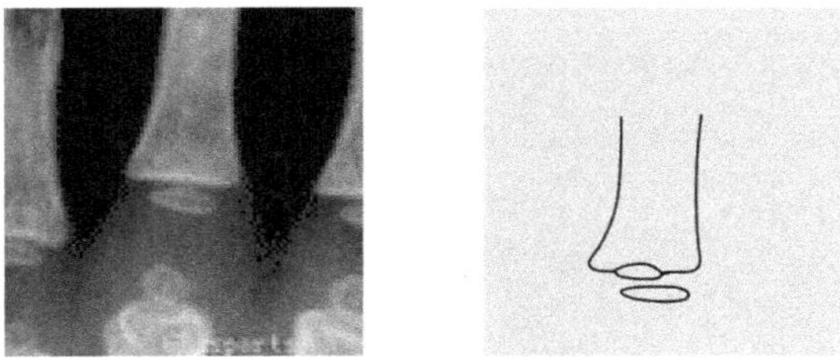

图 6–63 第三、第五指近节指骨——等级 3

等级 4：骨骺近侧缘凹、明显致密（图 6-64）。

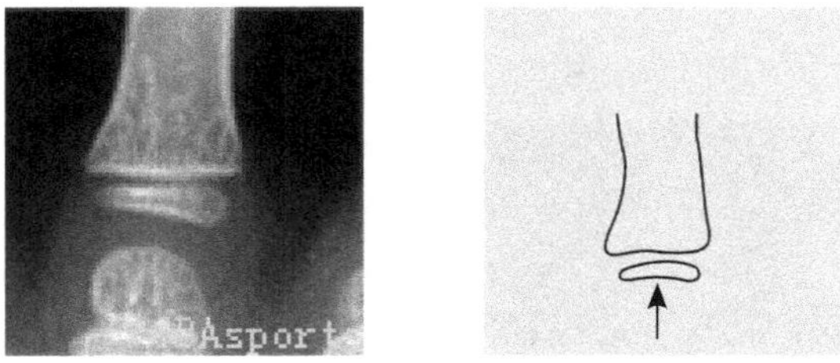

图 6–64 第三、第五指近节指骨——等级 4

等级 5：骨骺在一侧与骨干等宽（图 6-65）。

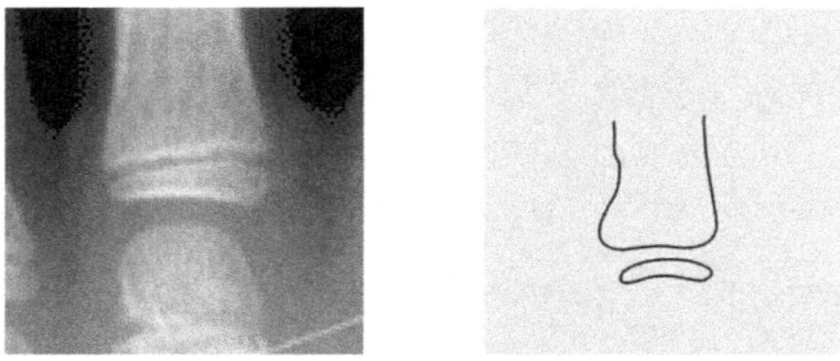

图 6–65 第三、第五指近节指骨——等级 5

等级 6：骨骺在两侧与骨干等宽（图 6-66）。

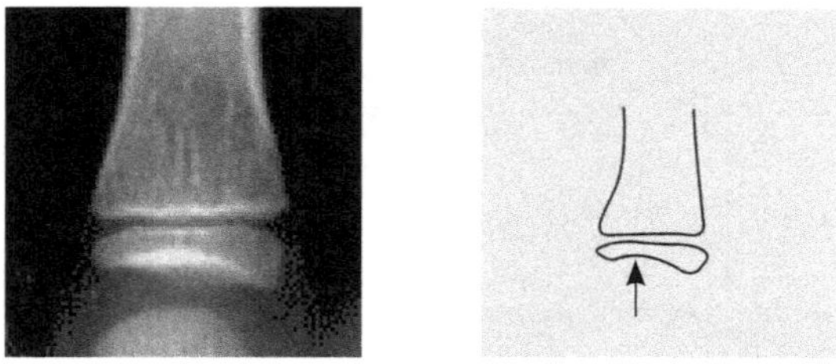

图 6–66 第三、第五指近节指骨——等级 6

等级 7：骨骺外侧端呈方形（虽然尚未覆盖骨干，但在形状上密切相符）（图 6-67）。

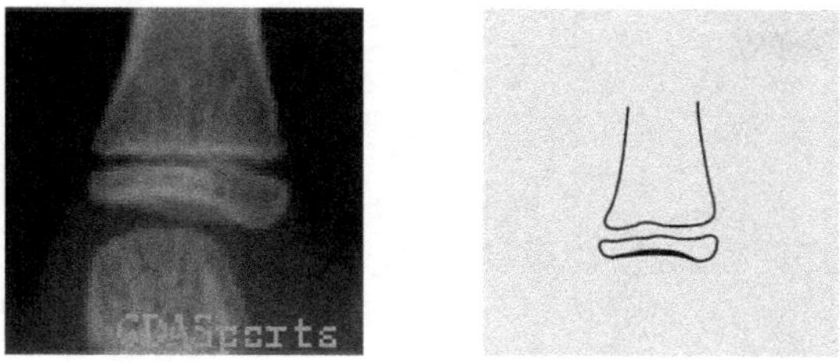

图 6–67　第三、第五指近节指骨——等级 7

等级 8：骨骺在一侧覆盖骨干（图 6-68）。

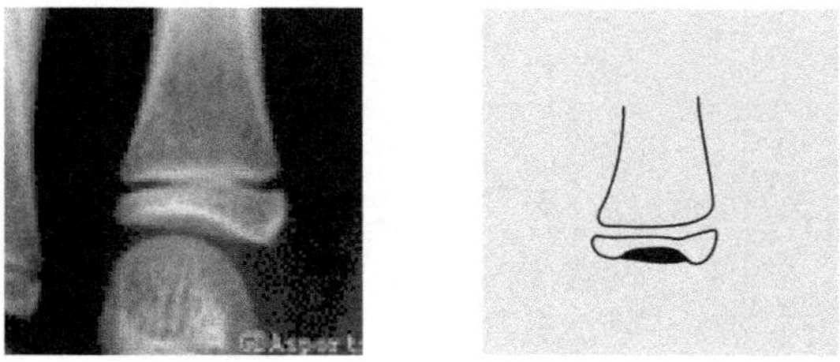

图 6–68　第三、第五指近节指骨——等级 8

等级 9：骨骺在两侧覆盖骨干（图 6-69）。

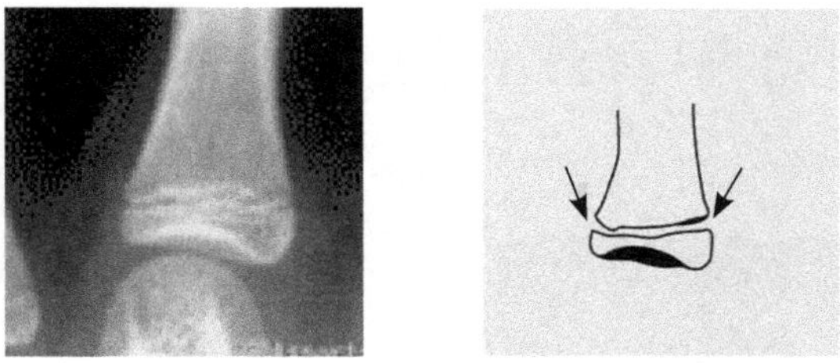

图 6–69　第三、第五指近节指骨——等级 9

等级 10：骨骺和骨干开始融合（图 6-70）。

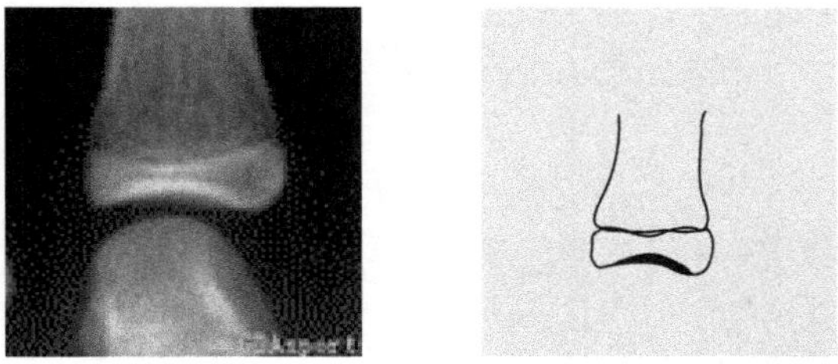

图 6–70　第三、第五指近节指骨——等级 10

等级 11：骨骺和骨干融合过半（图 6-71）。

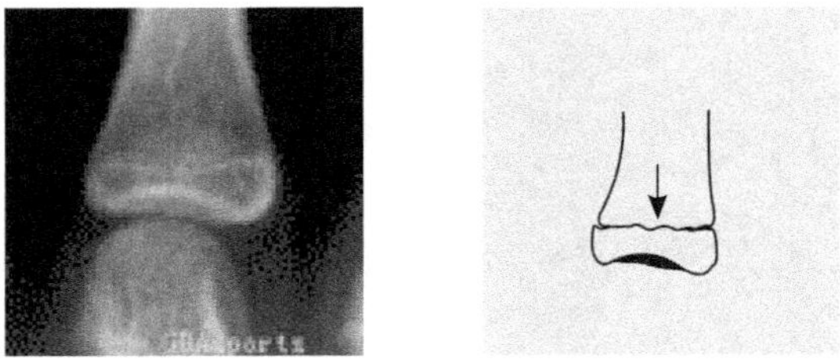

图 6–71 第三、第五指近节指骨——等级 11

等级 12：骨骺和骨干完全融合（大部分融合线消失，但仍可见部分残余的致密线）（图 6-72）。

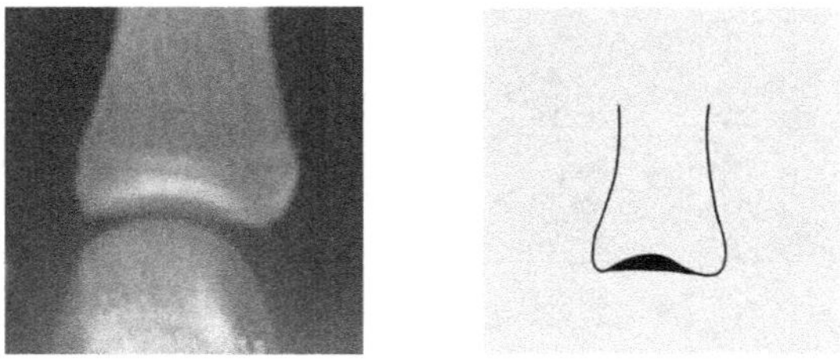

图 6–72 第三、第五指近节指骨——等级 12

七、第三、第五指中节指（12 个等级）

等级 1：骨化中心仅可见一个钙化点，极少为多个，边缘不清晰（图 6-73）。

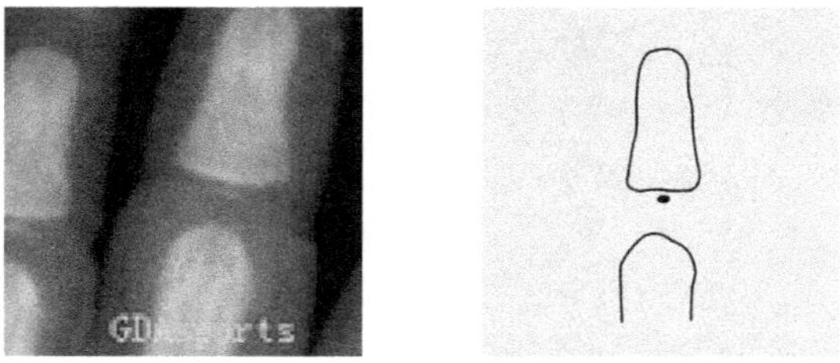

图 6–73 第三、第五指中节指——等级 1

等级 2：骨化中心清晰可见，为圆盘形，有平滑连续的缘（图 6-74）。

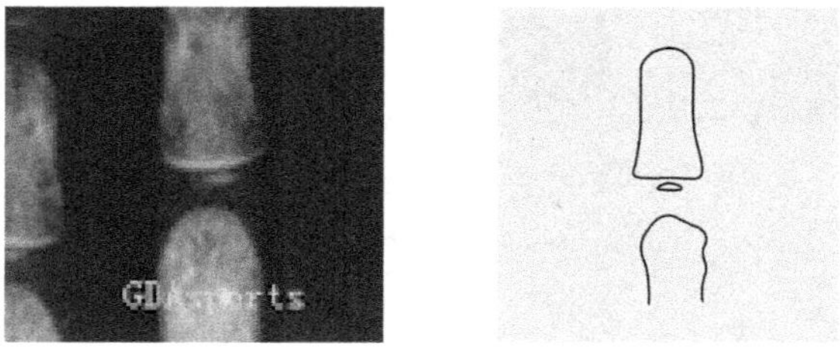

图 6–74 第三、第五指中节指——等级 2

等级 3：骨骺最大直径为骨干宽的一半或一半以上（图 6-75）。

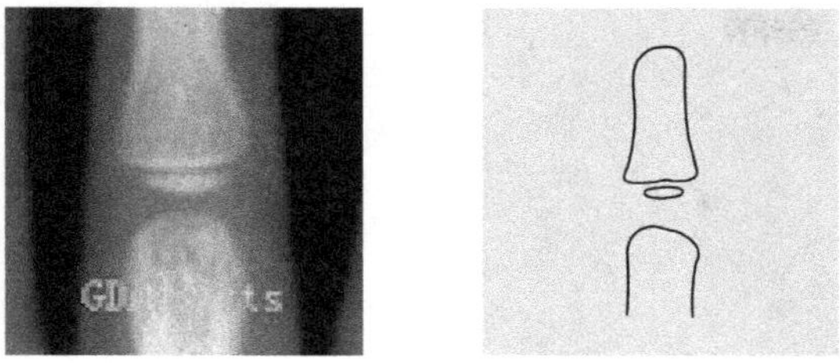

图 6-75　第三、第五指中节指——等级 3

等级 4：骨骺近侧缘的中间部分变厚，朝向相邻指骨的末端生长，并按其滑车关节面成形（致密线为骨骺的背侧面；在它的一侧或两侧，掌侧面向近侧凸出，或掌侧面和背侧面的近侧缘重叠）（图 6-76）。

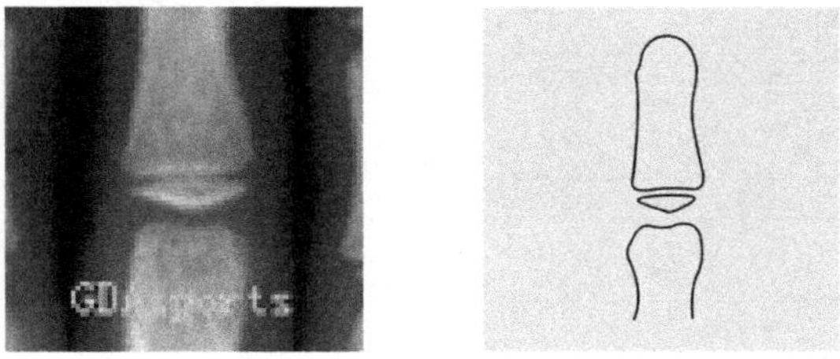

图 6-76　第三、第五指中节指——等级 4

等级 5：骨骺在外侧与骨干等宽（图 6-77）。

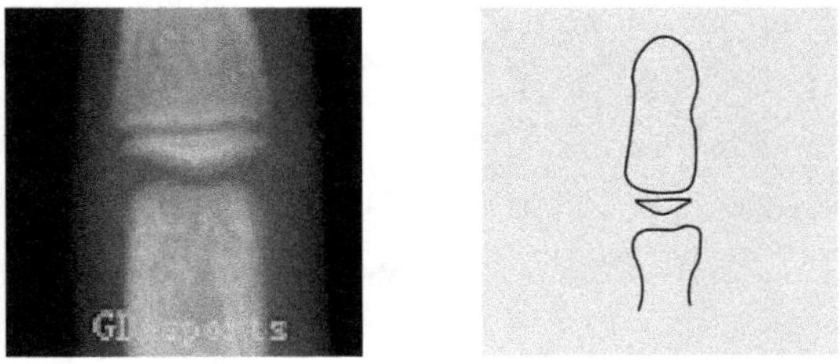

图 6-77　第三、第五指中节指——等级 5

等级 6：骨骺在两侧与骨干等宽（图 6-78）。

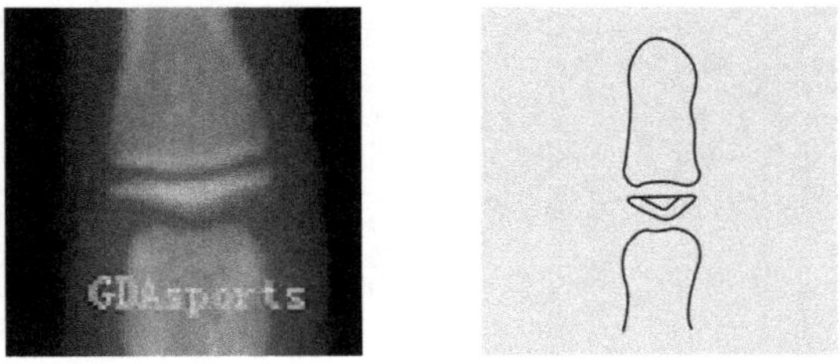

图 6-78　第三、第五指中节指——等级 6

等级 7：骨骺外侧端呈方形（图 6-79）。

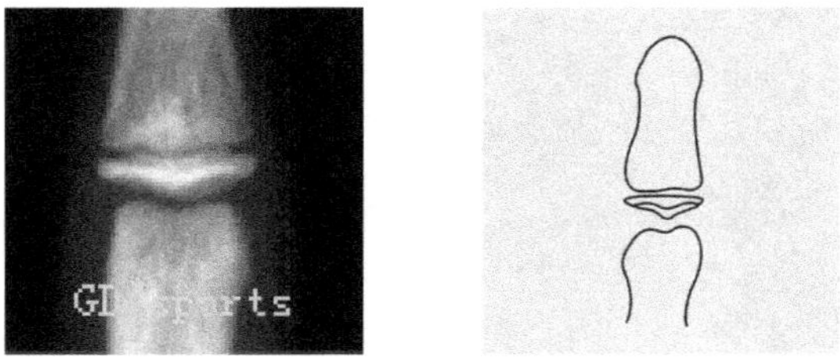

图 6-79 第三、第五指中节指——等级 7

等级 8：骨骺在一侧覆盖骨干（通常在外侧）（图 6-80）。

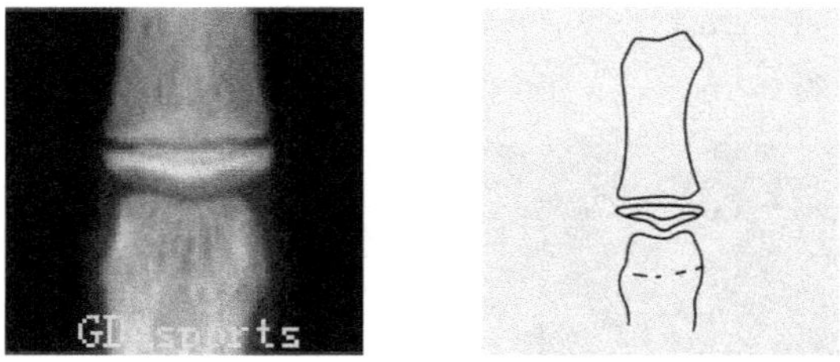

图 6-80 第三、第五指中节指——等级 8

等级 9：骨骺在两侧覆盖于骨干（图 6-81）。

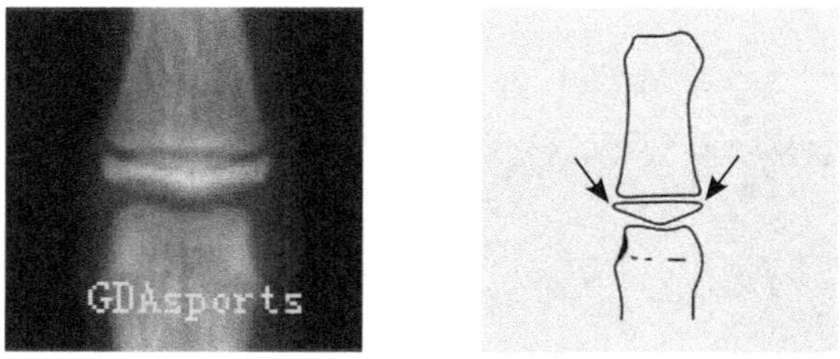

图 6-81 第三、第五指中节指——等级 9

等级 10：骨骺和骨干开始融合（图 6-82）。

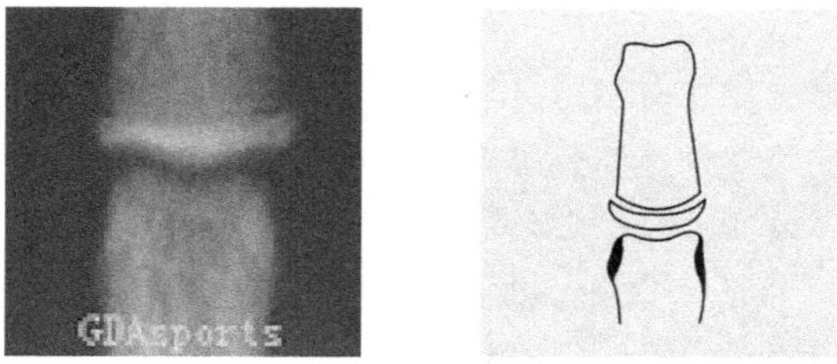

图 6-82 第三、第五指中节指——等级 10

等级 11：骨骺和骨干融合过半（图 6-83）。

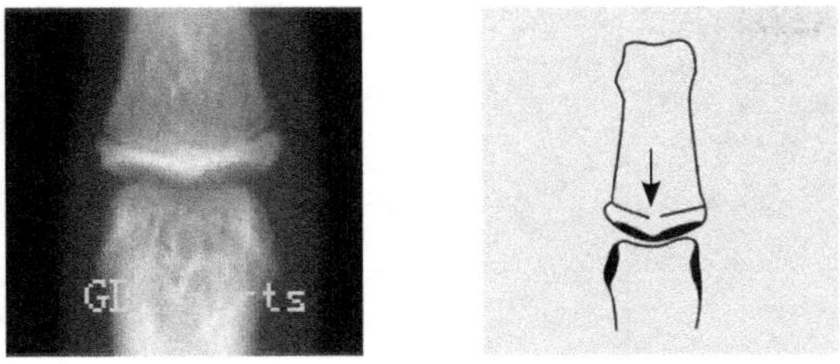

图 6-83 第三、第五指中节指——等级 11

等级 12：骨骺和骨干完全融合（大部分融合线消失，但仍可见部分残余的致密线）（图 6-84）。

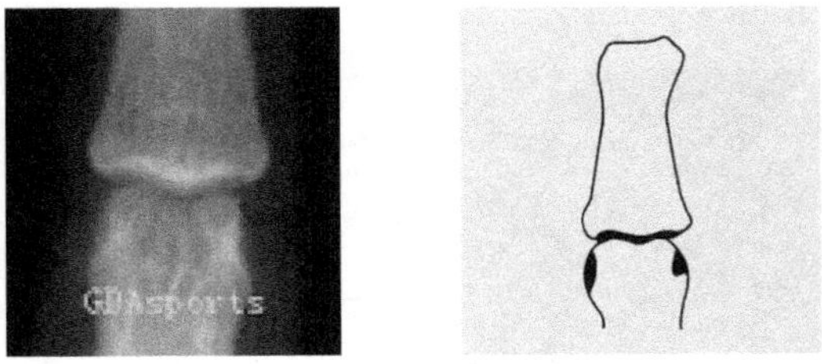

图 6-84 第三、第五指中节指——等级 12

八、第一指远节指骨（11 个等级）

等级 1：骨化中心仅可见一个钙化点，极少为多个，边缘不清晰（图 6-85）。

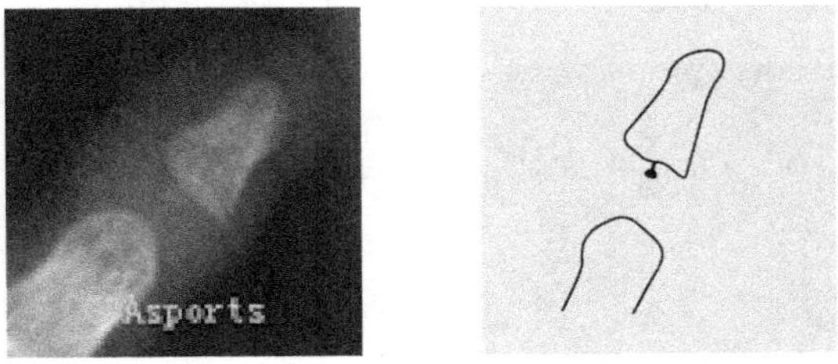

图 6-85 第一指远节指骨——等级 1

等级 2：骨化中心清晰可见，为圆盘形，有平滑连续的缘（图 6-86）。

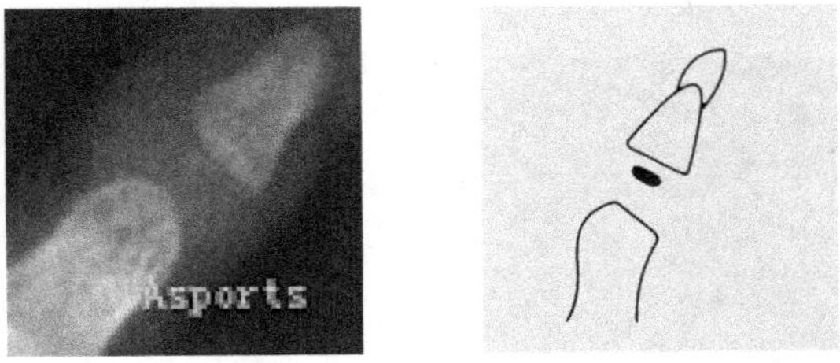

图 6-86 第一指远节指骨——等级 2

等级 3：骨骺最大直径为骨干宽的一半或一半以上（图 6-87）。

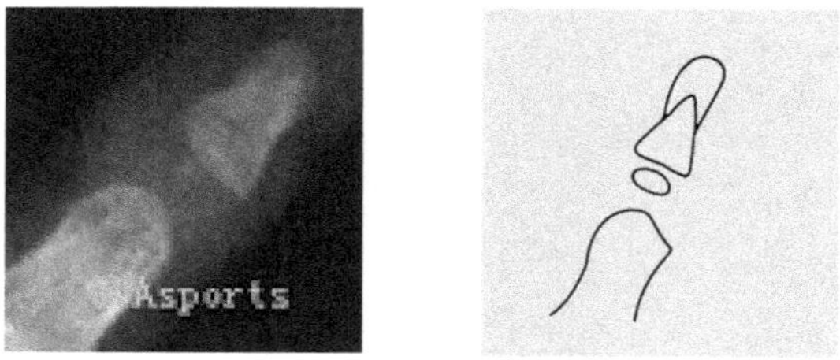

图 6–87 第一指远节指骨——等级 3

等级 4：骨骺与骨干等宽。骨骺远侧缘变平，近侧缘成角（类似于中节指骨骺在该等级上沿中心轴向下生长而出现的近侧缘形状变化。由于拇指的转动，这种变化通常发生在近侧缘的内侧）（图 6-88）。

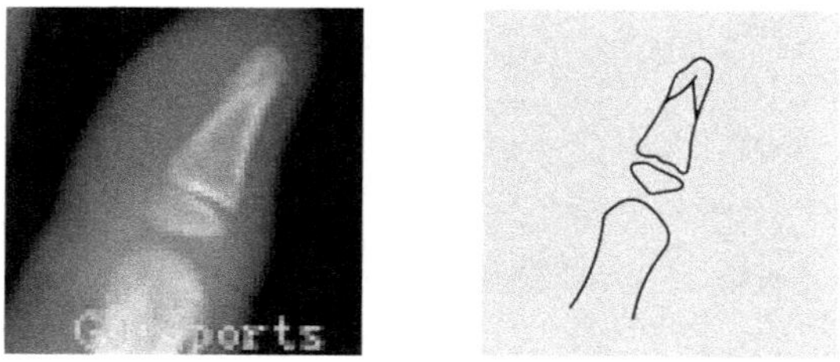

图 6–88 第一指远节指骨——等级 4

等级 5：骨骺的近、外侧缘凹，按近节指骨头的形状成形（由于拇指内旋程度不同，关节面也可见为近 - 外侧缘内的致密凹陷）。骨骺远侧缘上可见内、外侧面，远节指骨底与内、外侧面之间的鞍形相一致。骨骺宽于骨干（图 6-89）。

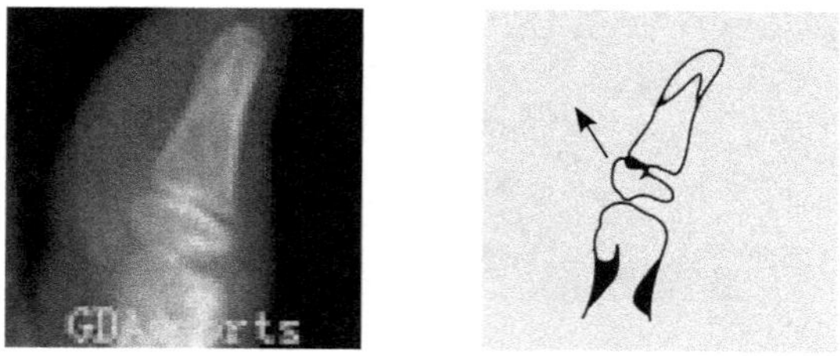

图 6–89 第一指远节指骨——等级 5

等级 6：骨骺外侧端呈方形（图 6-90）。

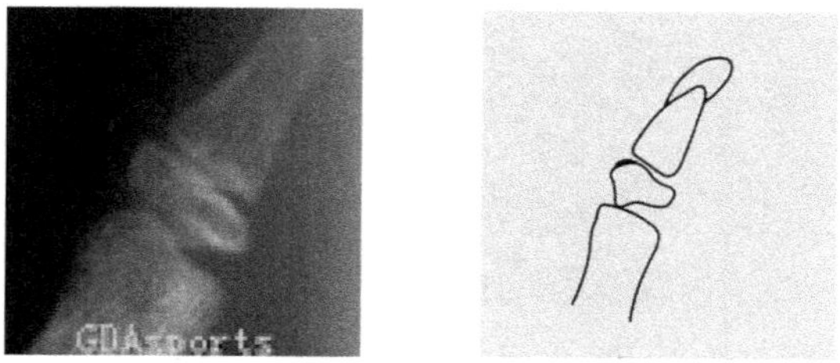

图 6–90 第一指远节指骨——等级 6

等级 7：骨骺在一侧覆盖骨干（由于拇指的内旋，内侧端更清晰）（图 6-91）。

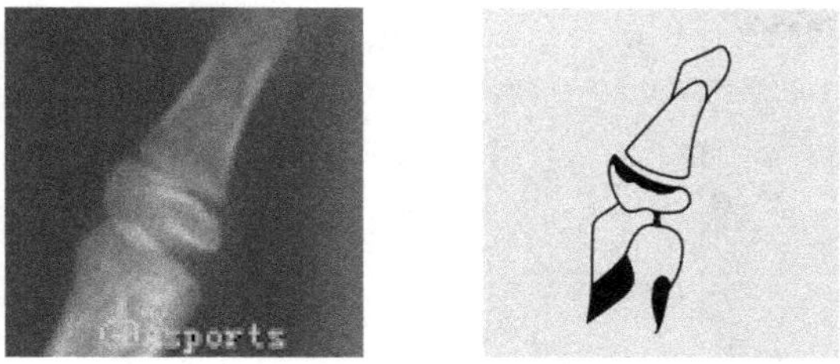

图 6-91 第一指远节指骨——等级 7

等级 8：骨骺在两侧覆干骨干（图 6-92）。

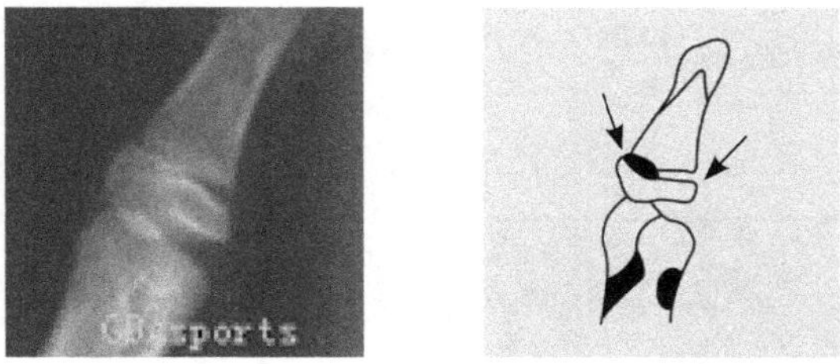

图 6-92 第一指远节指骨——等级 8

等级 9：骨骺和骨干开始融合（图 6-93）。

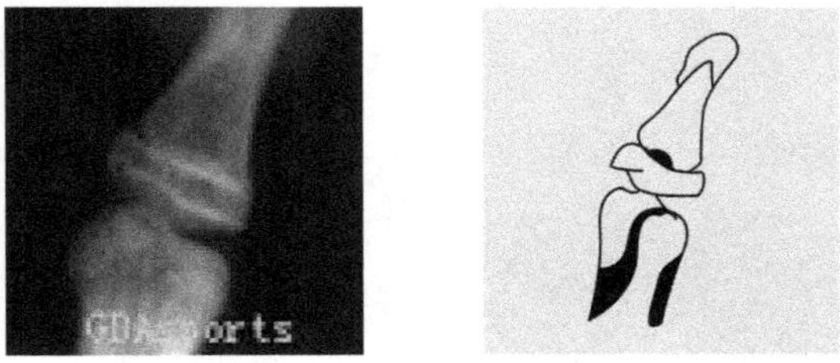

图 6-93 第一指远节指骨——等级 9

等级 10：骨骺与骨干融合过半（图 6-94）。

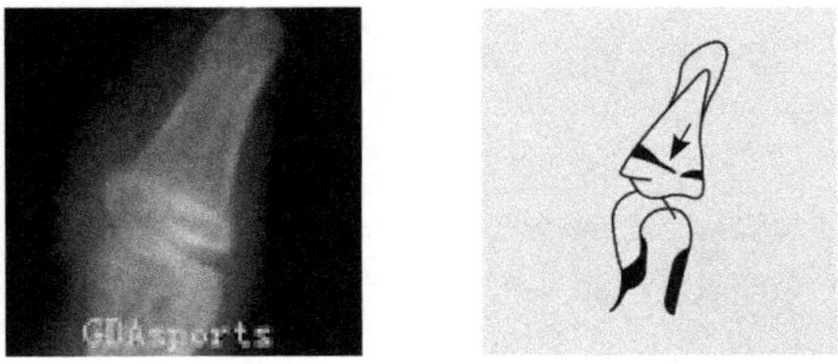

图 6-94 第一指远节指骨——等级 10

等级 11：骨骺和骨干完全融合（大部分融合线消失，但仍可见部分残余的致密线）（图 6-95）。

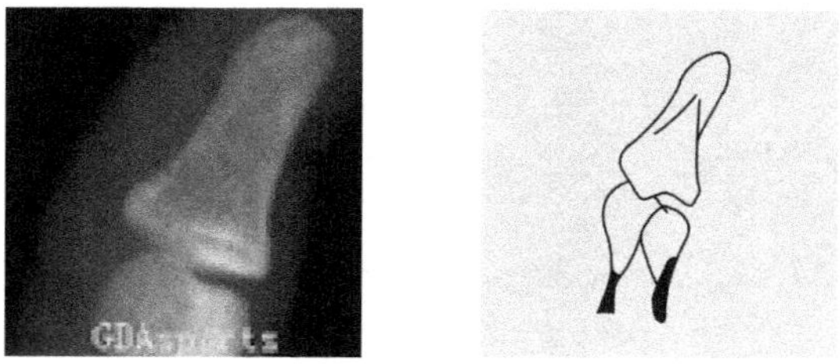

图 6-95 第一指远节指骨——等级 11

九、第三、第五指远节指骨（11 个等级）

等级 1：骨化中心仅可见一个钙化点，极少为多个，边缘不清晰（图 6-96）。

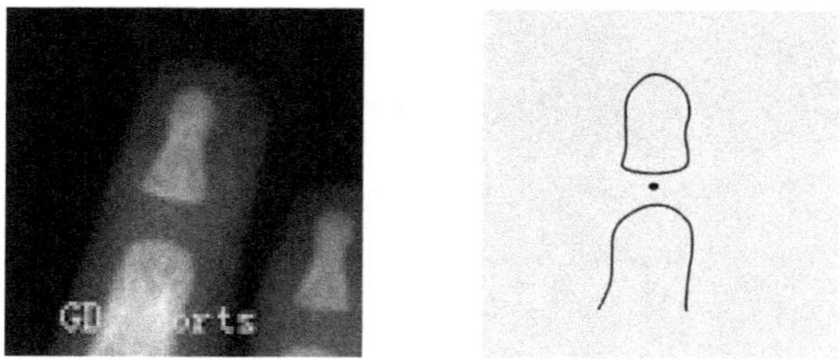

图 6-96 第三、第五指远节指骨——等级 1

等级 2：骨化中心清晰可见，为圆盘形，有平滑连续的缘（图 6-97）。

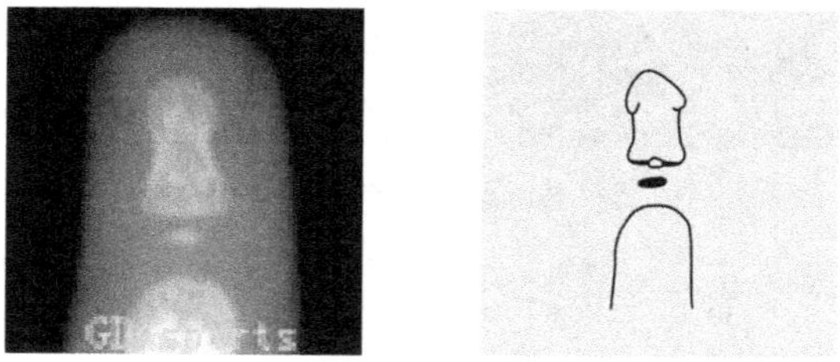

图 6-97 第三、第五指远节指骨——等级 2

等级 3：骨骺最大直径为骨干宽的一半或一半以上（图 6-98）。

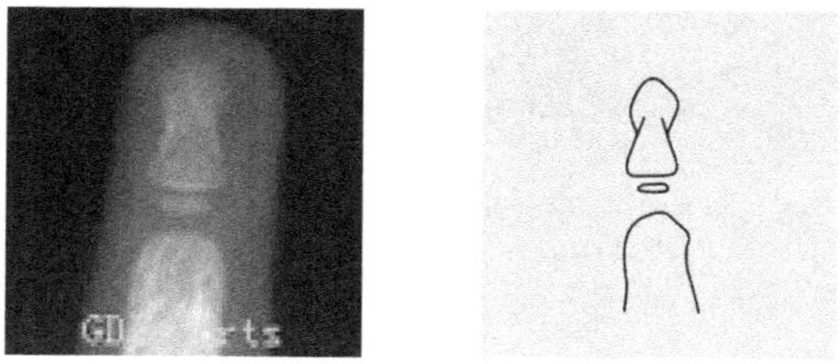

图 6-98 第三、第五指远节指骨——等级 3

等级 4：骨骺与骨干等宽。骨骺近侧缘向中节指骨末端生长，但尚不能区分出掌侧面和背侧面（图 6-99）。

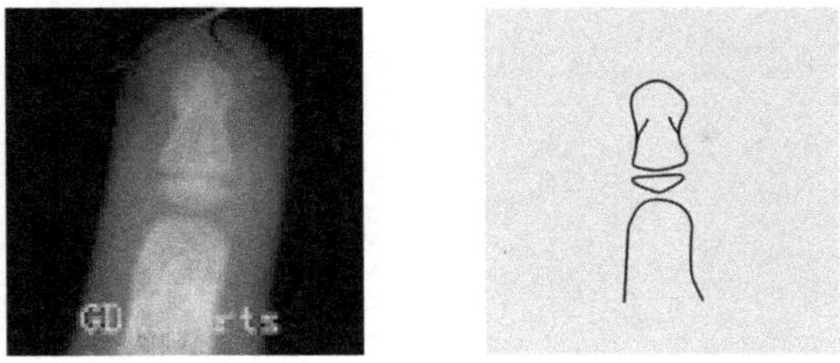

图 6–99 第三、第五指远节指骨——等级 4

等级 5：骨骺近侧缘可区分为掌侧面和背侧面，并都按中节指骨的滑车关节面成形。背侧面致密白线近侧的凸出部分为掌侧面（图 6-100）。

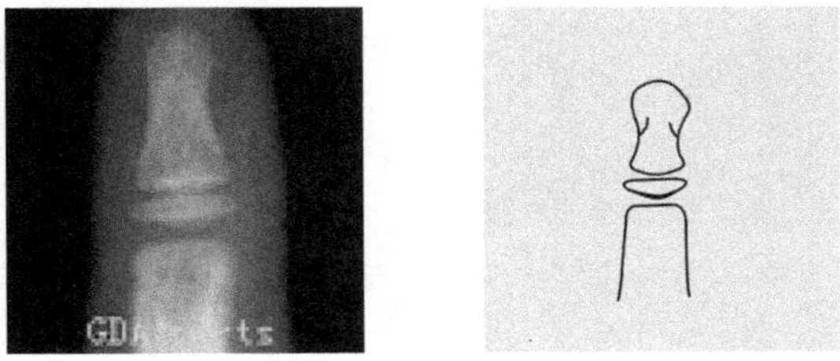

图 6–100 第三、第五指远节指骨——等级 5

等级 6：骨骺外侧呈方形（图 6-101）。

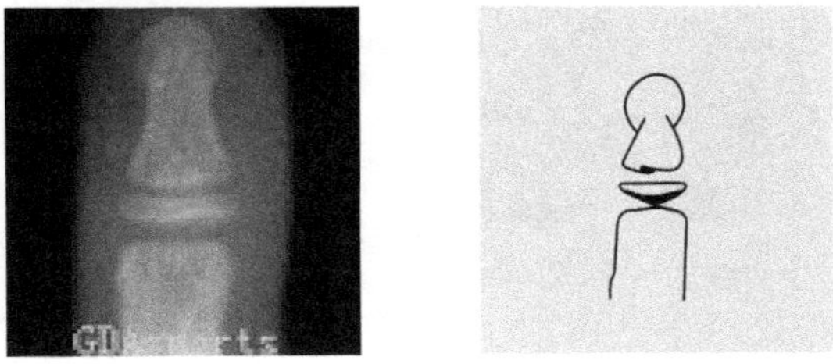

图 6–101 第三、第五指远节指骨——等级 6

等级 7：骨骺在一侧覆盖骨干（图 6-102）。

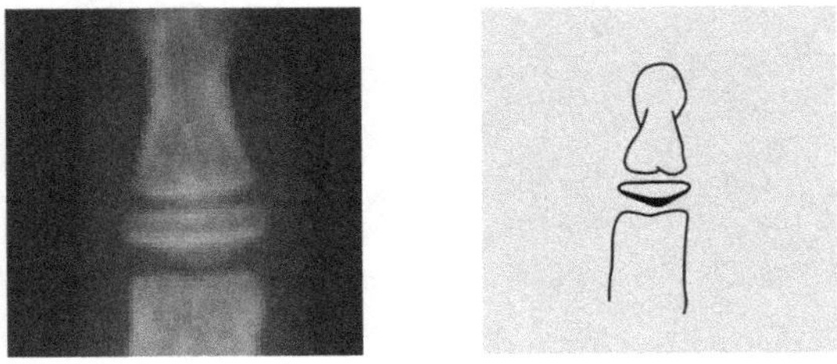

图 6–102 第三、第五指远节指骨——等级 7

等级 8：骨骺在两侧覆干骨干（图 6-103）。

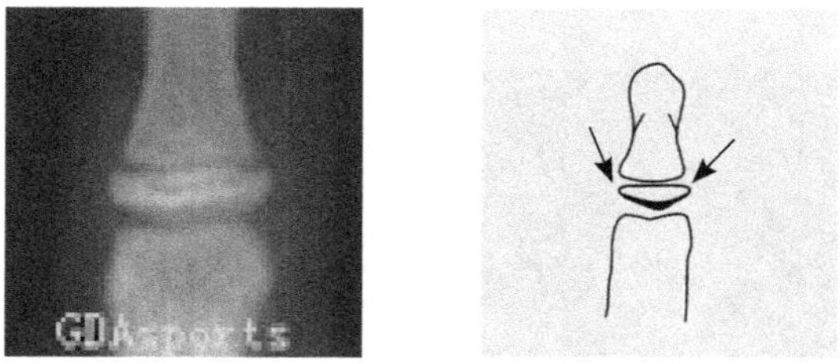

图 6–103 第三、第五指远节指骨——等级 8

等级 9：骨骺与骨干开始融合（图 6-104）。

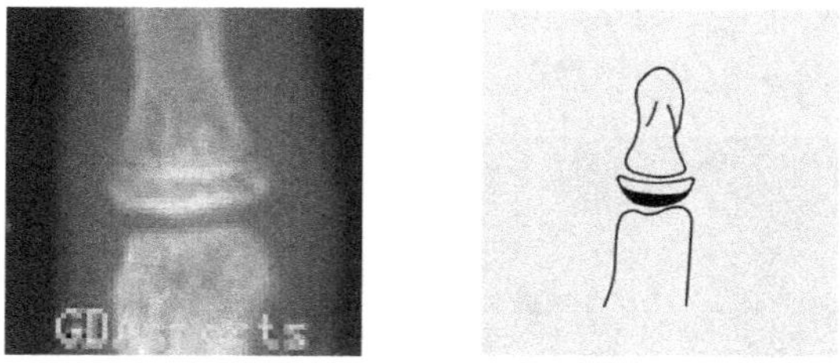

图 6–104 第三、第五指远节指骨——等级 9

等级 10：骨骺与骨干融合过半（图 6-105）。

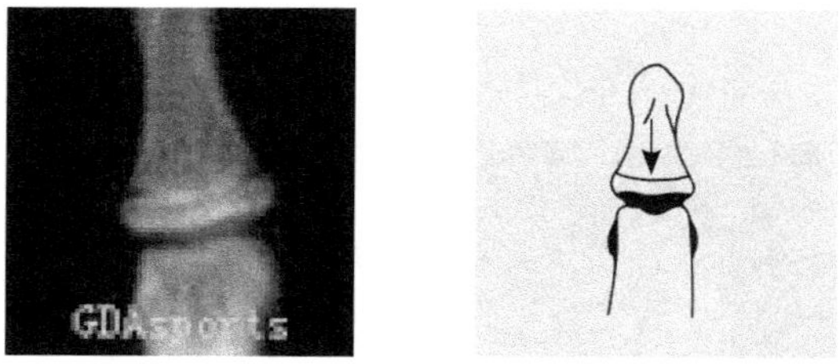

图 6–105 第三、第五指远节指骨——等级 10

等级 11：骨骺和骨干完全融合（大部分融合线消失，但仍可见部分残余的致密线）（图 6-106）。

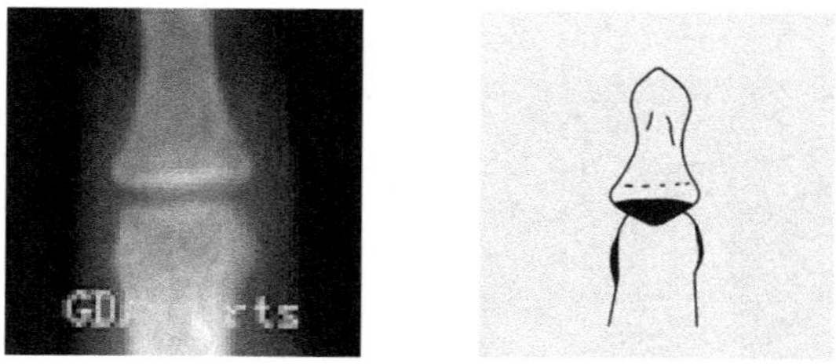

图 6–106 第三、第五指远节指骨——等级 11

第四节 《中国青少年儿童手腕骨成熟度及评价方法（TY/T 3001—2006）》得分表与得分评价图

一、得分表

该标准得分表分别见表 6-1、表 6-2。

表 6-1 得分表（男）

骨 \ 等级	1	2	3	4	5	6	7	8	9	10	11	12	13	14
桡骨	8	11	15	18	31	46	76	118	135	171	188	197	201	209
尺骨	25	30	35	43	61	80	116	157	168	180	187	194	—	—
掌骨Ⅰ	4	5	8	16	22	26	34	39	45	52	65	—	—	—
掌骨Ⅲ	3	4	5	8	13	19	30	38	44	51	—	—	—	—
掌骨Ⅴ	3	4	6	9	14	19	31	41	46	50	—	—	—	—
近节指骨Ⅰ	4	5	7	11	17	23	29	36	44	52	59	66	—	—
近节指骨Ⅲ	3	4	5	8	14	19	23	28	34	40	45	50	—	—
近节指骨Ⅴ	3	4	6	10	16	19	24	28	33	40	44	50	—	—
中节指骨Ⅲ	3	4	5	9	14	18	23	28	35	42	45	50	—	—
中节指骨Ⅴ	3	4	6	11	17	21	26	31	36	40	43	49	—	—
远节指骨Ⅰ	4	5	6	9	19	28	36	43	46	51	67	—	—	—
远节指骨Ⅲ	3	4	5	9	15	23	29	33	37	40	49	—	—	—
远节指骨Ⅴ	3	4	6	11	17	23	29	32	36	40	49	—	—	—

资料来源：《中国青少年儿童手腕骨成熟度及评价方法（TY/T 3001—2006）》

表 6-2 得分表（女）

骨 \ 等级	1	2	3	4	5	6	7	8	9	10	11	12	13	14
桡骨	10	15	22	25	40	59	91	125	138	178	192	199	203	—
尺骨	27	31	36	50	73	95	120	157	168	176	182	189	—	—
掌骨Ⅰ	5	7	10	16	23	28	34	41	47	53	66	—	—	—
掌骨Ⅲ	3	5	6	9	14	21	32	40	47	51	—	—	—	—
掌骨Ⅴ	4	5	7	10	15	22	33	43	47	51	—	—	—	—

续表

骨 \ 等级	1	2	3	4	5	6	7	8	9	10	11	12	13	14
近节指骨Ⅰ	6	7	8	11	17	26	32	38	45	53	60	67	—	—
近节指骨Ⅲ	3	5	7	9	15	20	25	29	35	41	46	51	—	—
近节指骨Ⅴ	4	5	7	11	18	21	25	29	34	40	45	50	—	—
中节指骨Ⅲ	4	5	7	10	16	21	25	29	35	43	46	51	—	—
中节指骨Ⅴ	3	5	7	12	19	23	27	32	35	39	43	49	—	—
远节指骨Ⅰ	5	6	8	10	20	31	38	44	45	52	67	—	—	—
远节指骨Ⅲ	3	5	7	10	16	24	30	33	36	39	49	—	—	—
远节指骨Ⅴ	5	6	7	11	18	25	29	33	35	39	49	—	—	—

资料来源：《中国青少年儿童手腕骨成熟度及评价方法（TY/T 3001—2006）》

二、得分评价图

根据少年儿童的骨龄与生活年龄的差值，将少年儿童分成：早熟（差值≥1岁）、正常（差值< ±1岁）、晚熟（差值≤ -1岁）三种类型进行评价。该标准得分评价图分别见图6-107、图6-108。

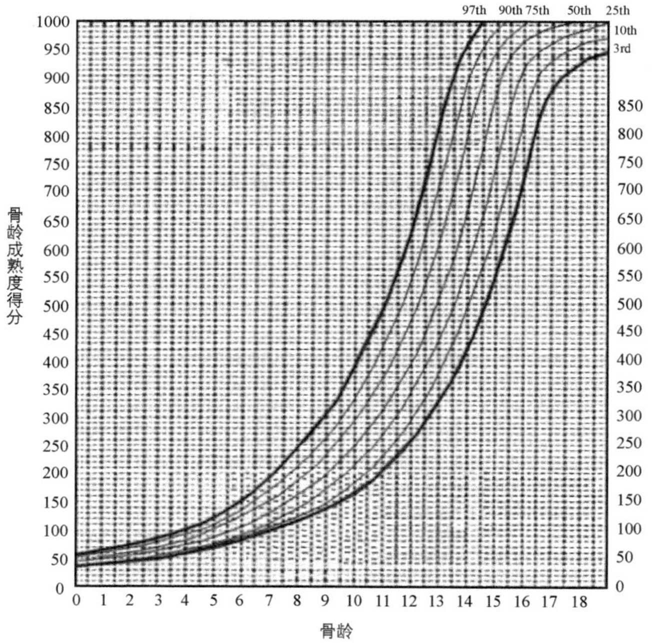

图6-107 得分评价图（男）

资料来源：《中国青少年儿童手腕骨成熟度及评价方法（TY/T 3001—2006）》

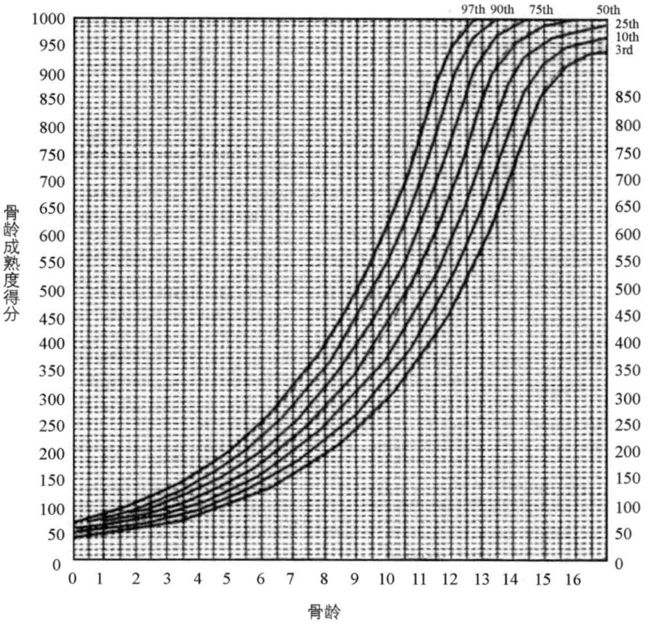

图 6-108 得分评价图（女）

资料来源：《中国青少年儿童手腕骨成熟度及评价方法（TY/T 3001—2006）》

【思考题】

1. 何谓骨龄？
2. 研究骨龄的实际意义有哪些？
3. 简述手腕骨 X 线片拍摄方法。
4. 简述读 X 线片位置与读骨顺序。

参考文献及书目

[1] 蔡睿，张一民 . 运动员选材理论与实践 [M]. 北京：人民体育出版社，2013.
[2] 陈竺，强伯勤，方福德 . 基因组科学与人类疾病 [M]. 北京：科学出版社，2001.
[3] 戴灼华，王亚馥，粟翼玟 . 遗传学（第 2 版）[M]. 北京：高等教育出版社，2008.
[4] 迪特里希 · 哈雷 . 训练学——运动训练的理论与方法学导论 [M]. 蔡俊五，郑再新译 . 北京：人民体育出版社，1985.
[5] 杜若甫 . 中国人群体遗传学 [M]. 北京：科学出版社，2004.
[6] 过家兴 . 运动训练学 [M]. 北京：北京体育大学出版社，1986..
[7] 韩志忠 . 运动训练方法论 [M]. 昆明：云南教育出版社，1996.
[8] 何方生 . 运动人才学 [M]. 福州：福建人民出版社，1992.
[9] 刘宝林 . 骨骼发育的研究及应用 [M]. 北京：中国协和医科大学出版社，1995.
[10] 刘大庆 . 运动员竞技能力非衡结构补偿理论 [M]. 北京：北京体育大学出版社，2005.
[11] 刘献武 . 运动选材学 [M]. 北京：人民体育出版社，1991.
[12] 沈勋章 . 奥运项目教学训练大纲青少年选材育才研究 [M]. 上海：上海浦江教育出版社，2015.
[13] 唐锡麟 . 儿童少年生长发育 [M]. 北京：人民卫生出版社，1991.
[14] 田麦久 . 竞技能力结构理论的发展与“双子模型”的建立 [J]. 体育科学，2007，27（7）：3-6.
[15] 铁铮，于力，唐万斌 . 天津市双生子形态运动素质的遗传学研究 [J]. 口岸卫生控制，1997，3（2）：18-21.
[16] 王金灿 . 运动选材原理与方法 [M]. 北京：人民体育出版社，2005.
[17] 王金灿 . 运动选材学 [M]. 北京：人民体育出版社，2009.
[18] 王小芦，梁少兰，王基野，等 . 我国优秀青少年田径运动员相对年龄分布特征及原因分析 [J]. 现代生物医学进展，2011，11（4）：703-706.
[19] 谢燕群 . 运动员选材学 [M]. 成都：四川教育出版社，1990.
[20] 叶义言 . 中国儿童骨龄评分法 [M]. 北京：人民卫生出版社，2005.
[21] 余竹生，沈勋章，朱学雷 . 运动员科学选材 [M]. 上海：上海浦江教育出版社，2006.
[22] 曾凡辉，王路德，邢文华 . 运动员科学选材 [M]. 北京：人民体育出版社，1992.

[23] 赵桂银 . 体育人才学 [M]. 北京：人民体育出版社，1993.
[24] 钟添发，田麦久 . 运动员竞技能力模型与选材标准 [M]. 北京：人民体育出版社，1994.
[25] 周多奇，胡扬，刘刚，等 . 耐力训练效果与 CKMM 基因 A/G 多态性的关联研究 [J]. 体育科学，2006,（7）: 36.
[26] Montgomery HE, Marshall R, Hemingway H, et al. Human gene for physical performance[J]. Nature, 1998, 393(6682)：221-222.
[27] Ralph J. Fessenden & Joan S. Fessenden. Organic Chemistry[M]. Pacific Grove, CA：Brooks Cole Publishing Company, 1998.